KB106999

朝鮮總督府 編纂

초등학교 <地理> 교과서(中)

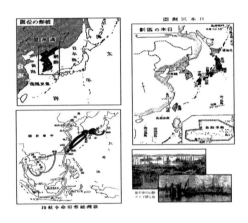

김순전 · 사희영 · 박경수 · 장미경

김서은 · 차유미 · 여성경 編

제이앤씨
Publishing Company

1940년 『初等地理書』 卷一

初等地理 卷一

朝鮮總督府

1941년 『初等地理書』 卷二

初等地理 卷二

朝鮮總督府

≪總目次≫

序　文 ……………………………………………………………… 21

凡　例 ……………………………………………………………… 36

1940년 『初等地理』卷一

第一　大日本帝國 …………………………………………………… 47

第二　朝鮮地方 ……………………………………………………… 49

　甲　位置・面積・住民及び區分 ………………………………… 49

　乙　地方誌 ………………………………………………………… 51

　　一　北部朝鮮 …………………………………………………… 51

　　　(一)　區域 …………………………………………………… 51

　　　(二)　地形 …………………………………………………… 51

　　　(三)　氣候 …………………………………………………… 52

　　　(四)　産業 …………………………………………………… 53

　　　(五)　交通 …………………………………………………… 59

　　　(六)　商業 …………………………………………………… 60

　　　(七)　住民・都邑 …………………………………………… 60

　　二　中部朝鮮 …………………………………………………… 62

　　　(一)　區域 …………………………………………………… 62

　　　(二)　地形 …………………………………………………… 62

　　　(三)　氣候 …………………………………………………… 63

　　　(四)　産業 …………………………………………………… 64

　　　(五)　交通 …………………………………………………… 66

　　　(六)　住民・都邑 …………………………………………… 66

　　三　南部朝鮮 …………………………………………………… 68

　　　(一)　區域 …………………………………………………… 68

　　　(二)　地形 …………………………………………………… 68

　　　(三)　氣候 …………………………………………………… 69

　　　(四)　産業 …………………………………………………… 69

　　　(五)　交通 …………………………………………………… 73

　　　　　（六）住民・都邑 ………………………………………… 74
　　　丙　總說 …………………………………………………… 77
　　　　一　地形 ………………………………………………… 77
　　　　二　氣候 ………………………………………………… 77
　　　　三　産業 ………………………………………………… 78
　　　　四　交通 ………………………………………………… 81
　　　　五　商業 ………………………………………………… 82
　第三　樺太地方 ………………………………………………… 83
　　　一　位置・區域 …………………………………………… 83
　　　二　地形 …………………………………………………… 84
　　　三　氣候・生物 …………………………………………… 85
　　　四　産業・交通 …………………………………………… 86
　　　五　住民・都邑 …………………………………………… 88
　第四　北海道地方 ……………………………………………… 89
　　　一　位置・區域 …………………………………………… 89
　　　二　地形 …………………………………………………… 89
　　　三　氣候 …………………………………………………… 90
　　　四　産業 …………………………………………………… 91
　　　五　交通 …………………………………………………… 96
　　　六　住民・都邑 …………………………………………… 96
　　　七　千島列島 ……………………………………………… 98
　第五　奧羽地方 ………………………………………………… 99
　　　一　位置・區域 …………………………………………… 99
　　　二　地形 …………………………………………………… 99
　　　三　氣候 …………………………………………………… 102
　　　四　産業 …………………………………………………… 102
　　　五　交通 …………………………………………………… 105
　　　六　住民・都邑 …………………………………………… 107
　第六　關東地方 ………………………………………………… 109
　　　一　位置・區域 …………………………………………… 109
　　　二　地形 …………………………………………………… 109
　　　三　氣候 …………………………………………………… 112

　　　四　產業 ……………………………………………………………… 112
　　　五　交通 ……………………………………………………………… 117
　　　六　住民・都邑 ………………………………………………………… 121
　　　七　伊豆七島・小笠原諸島 …………………………………………… 125
　第七　中部地方 …………………………………………………………… 126
　　　一　位置・區域 ………………………………………………………… 126
　　　二　地形 ……………………………………………………………… 126
　　　三　氣候 ……………………………………………………………… 131
　　　四　產業 ……………………………………………………………… 132
　　　五　交通 ……………………………………………………………… 139
　　　六　住民・都邑 ………………………………………………………… 140
　第八　近畿地方 …………………………………………………………… 143
　　　一　位置・區域 ………………………………………………………… 143
　　　二　地形 ……………………………………………………………… 143
　　　三　氣候 ……………………………………………………………… 148
　　　四　產業 ……………………………………………………………… 148
　　　五　交通 ……………………………………………………………… 153
　　　六　住民・都邑 ………………………………………………………… 154
　第九　中國及び四國地方 ………………………………………………… 160
　　　一　位置・區域 ………………………………………………………… 160
　　　二　地形 ……………………………………………………………… 160
　　　三　氣候 ……………………………………………………………… 163
　　　四　產業 ……………………………………………………………… 164
　　　五　交通 ……………………………………………………………… 167
　　　六　住民・都邑 ………………………………………………………… 168

插繪目錄

　第一　大日本帝國
　　　面積の比較 ……………………………………………………………… 47
　第二　朝鮮地方
　　　朝鮮の位置 ……………………………………………………………… 49
　　　朝鮮地方の地形の略圖と斷面圖 …………………………………………50

白頭山頂の湖(天池) ………………………………… 51
中江鎭の氣候圖 …………………………………… 52
燕麥の生產分布圖 ………………………………… 53
大豆の生產分布圖 ………………………………… 53
在來棉の生產分布圖 ……………………………… 53
粟の生產分布圖 …………………………………… 54
馬鈴薯の生產分布圖 ……………………………… 54
北鮮の緬羊放牧 …………………………………… 54
鴨綠江上流の筏流し ……………………………… 55
城津貯木所全景 …………………………………… 55
めんたい漁獲分布圖 ……………………………… 56
廣梁灣の塩田 ……………………………………… 56
鎭南浦製鍊所 ……………………………………… 57
興南窒素工場の內部 ……………………………… 57
北鮮地方の一大水力發電所 ……………………… 58
長津江の貯水池 …………………………………… 59
平壤の牡丹臺と大同江 …………………………… 60
新義州の製紙工場 ………………………………… 61
金剛山一帶の地形 ………………………………… 62
金剛山 ……………………………………………… 63
京城・平壤・大邱の氣候圖 ……………………… 63
兼二浦の製鐵所 …………………………………… 64
ぐちの漁獲分布圖 ………………………………… 65
永登浦の皮革工場 ………………………………… 65
朝鮮總督府前通り ………………………………… 66
仁川の閘門 ………………………………………… 67
東津水利組合の雲岩貯水池 ……………………… 69
群山の米の移出と浮ドツク ……………………… 70
木浦港の綿の積出 ………………………………… 71
甘藷の生產分布圖 ………………………………… 71
陸地棉の生產分布圖 ……………………………… 71
我が國の麥の產額の比較 ………………………… 72

にしんの漁獲分布圖 ……………………………… 72

たひ漁獲分布圖 …………………………………… 72

關釜連絡船(興安丸) …………………………… 73

大邱の大市 ………………………………………… 74

釜山港の棧橋に於ける船車の連絡 ……………… 75

米の產額增減表 …………………………………… 78

米の生產分布圖 …………………………………… 78

棉の產額增減表 …………………………………… 79

繭の產額增加表 …………………………………… 79

我が國の金の產額の比較 ………………………… 80

塩の產額の比較 …………………………………… 80

貿易額の增減表 …………………………………… 82

第三　樺太地方

樺太の位置 ………………………………………… 83

我が國とロシヤの國境及び境界標 ……………… 83

樺太地方の地形の略圖と斷面圖 ………………… 84

幌内平野の濕地 …………………………………… 85

海豹島のおつとせい ……………………………… 85

からまつの林 ……………………………………… 86

豐原のパルプ工場 ………………………………… 87

碎氷船と永上の荷役 ……………………………… 87

第四　北海道地方

北海道の位置 ……………………………………… 89

北海道本島の地形の略圖と斷面圖 ……………… 90

森林を伐開いて開墾してゐる所 ………………… 91

札幌附近の牧場 …………………………………… 92

バタ製造所 ………………………………………… 92

石狩炭田 …………………………………………… 93

北海道地方の主な水產物の產額の比較 ………… 94

北海道に於けるにしんの陸揚げ ………………… 94

苫小牧の製紙工場 ………………………………… 95

製麻工場 …………………………………………… 95

北海道の主要列車線圖 ·· 96

小樽港 ··· 97

札幌 ··· 97

第五　奧羽地方

奧羽地方の位置 ··· 99

奧羽地方の地形の略圖と斷面圖 ······························ 100

松島 ·· 101

馬鈴薯の生産分布圖 ··· 102

苹果の生産分布圖 ··· 103

馬の頭數の比較 ··· 104

能代港の製材所 ··· 104

土崎港の製油所 ··· 105

奧羽地方の縱の主要列車線圖 ································· 106

雪よけトンネル ··· 107

第六　關東地方

關東地方の位置 ··· 109

關東地方の地形の略圖と斷面圖 ······························ 110

中禪寺湖と華嚴瀧 ··· 111

箱根山 ·· 111

米の產額の比較 ··· 112

麥の產額分布圖 ··· 113

甘藷の生産分布圖 ··· 114

日淸製粉工場 ··· 115

日立鑛山 ·· 115

東京及びその附近に於ける工場の分布圖 ····················· 116

東京の地下鐵道 ··· 117

東京驛 ·· 118

碓氷峠の鐵道 ··· 119

羽田の飛行場 ··· 120

橫濱港の繫船岸(生絲の積出し) ······························· 120

宮城 ·· 121

東京市街 ·· 122

靖國神社 ……………………………………………………… 122

橫濱港 …………………………………………………………… 123

橫濱港の貿易 ………………………………………………… 124

日光の東照宮 ………………………………………………… 124

第七　中部地方

中部地方の位置 ……………………………………………… 126

中部地方の地形の略圖と斷面圖 ……………………… 127

槍岳の雪谿と頂上 ………………………………………… 128

白馬岳 …………………………………………………………… 128

黑部川 …………………………………………………………… 130

高田の積雪とそり人力 …………………………………… 132

淸水港に於ける茶の積出し …………………………… 133

茶の產額の比較 ……………………………………………… 133

桑畑の分布圖 ………………………………………………… 134

木曾森林と森林鐵道 ……………………………………… 135

新潟縣の油田 ………………………………………………… 135

油田の斷面圖 ………………………………………………… 136

岡谷の製絲工場 ……………………………………………… 136

繭の產額の比較 ……………………………………………… 137

生絲の產額の比較 ………………………………………… 137

名古屋の製陶工場 ………………………………………… 138

綿織物の產額の比較 ……………………………………… 138

大井川の鐵橋と昔の渡し ……………………………… 140

名古屋城 ……………………………………………………… 141

甲府附近にある葡萄園 …………………………………… 142

第八　近畿地方

近畿地方の位置 ……………………………………………… 143

近畿地方の地形の略圖と斷面圖 ……………………… 144

天橋立 …………………………………………………………… 145

吉野山の櫻 …………………………………………………… 145

琵琶湖と大津 ………………………………………………… 146

鳴戶海峽と潮流 ……………………………………………… 147

有田川沿岸の蜜柑山 ……………………………………… 148

紀川上流の筏流し ………………………………………… 149

大阪北東部の工場地帶 …………………………………… 149

大阪灣沿岸に於ける工場の分布 ……………………… 150

京都附近にある絹織物工場の內部 ………………… 150

大阪にある紡織工場の內部 …………………………… 151

大津の人造絹絲工場 ……………………………………… 151

綿絲の產額比較 ……………………………………………… 152

同 ………………………………………………………………………… 152

綿織物の產額の比較 …………………………………… 152

神戶港の全景 ………………………………………………… 153

平安神宮 ………………………………………………………… 154

桃山御陵 ………………………………………………………… 155

猿澤池のほとり ……………………………………………… 156

橿原神宮 ………………………………………………………… 156

大阪の市街 …………………………………………………… 157

淀川の下流 …………………………………………………… 157

皇大神宮 ………………………………………………………… 158

神戶港輸出入比較圖 …………………………………… 158

湊川神社 ………………………………………………………… 159

第九　中國及び四國地方

中國及び四國地方の位置 …………………………… 160

中國及び四國地方の地形の略圖と斷面圖 ………… 161

瀬戶內海 ………………………………………………………… 162

高知・多度津・岡山・境の氣候圖 ………………… 163

中國地方の牧牛 …………………………………………… 164

牛の頭數の比較 …………………………………………… 165

香川縣の塩田 ………………………………………………… 165

瀬戶內海沿岸地方の塩の產額比較 ………………… 166

下關海峽の貨車航送船 ………………………………… 167

関釜連絡船 …………………………………………………… 168

嚴島神社 ………………………………………………………… 169

1941년 『初等地理』卷二

第十　九州地方 ·· 183

　　一　位置・區域 ·· 183

　　二　地形 ·· 183

　　三　氣候 ·· 187

　　四　產業 ·· 187

　　五　交通 ·· 191

　　六　住民・都邑 ·· 192

　　七　薩南諸島・琉球列島 ·· 194

第十一　臺灣地方 ·· 195

　　一　位置・區域 ·· 195

　　二　地形 ·· 195

　　三　氣候・生物 ·· 198

　　四　產業 ·· 199

　　五　交通・商業 ·· 204

　　六　住民・都邑 ·· 206

第十二　我が南洋群島 ·· 208

第十三　關東州 ·· 210

第十四　日本總說 ··· 214

第十五　滿洲 ·· 239

第十六　中華民國 ··· 252

　　一　總論(一) ··· 252

　　二　支那 ·· 253

　　三　蒙疆その他の地方 ··· 261

　　四　總論(二) ··· 264

第十七　アジヤ＝ヨーロッパ大陸 ···································· 268

　　一　總論(一) ··· 268

　　二　アジヤ洲 ··· 273

　　　　(一)　シベリヤ ··· 273

　　　　(二)　南東アジヤ ·· 277

　　　　(三)　印度 ··· 281

　　三　ヨーロッパ洲 ·· 284

　　　　(一)　イギリス ……………………………… 284
　　　　(二)　フランス ……………………………… 286
　　　　(三)　ソビエト聯邦 ………………………… 288
　　　　(四)　ドイツ ………………………………… 290
　　　　(五)　イタリヤ ……………………………… 292
　　四　總論(二) ……………………………………… 294
第十八　アメリカ大陸 ………………………………… 301
　　一　總論 (一) ……………………………………… 301
　　二　北アメリカ洲 ………………………………… 305
　　　　(一)　アメリカ合衆國 ……………………… 305
　　　　(二)　カナダ ………………………………… 311
　　三　南アメリカ洲 ………………………………… 313
　　　　(一)　ブラジル ……………………………… 313
　　　　(二)　アルゼンチン ………………………… 316
　　　　(三)　チリー ………………………………… 317
　　四　總論(二) ……………………………………… 318
第十九　太平洋 ………………………………………… 322
　　一　總論(一) ……………………………………… 322
　　二　オーストラリヤ大陸及び諸島(大洋洲) …… 322
　　三　總論(二) ……………………………………… 327
第二十　アメリカ大陸 ………………………………… 329
第二十一　日本と世界 ………………………………… 332
第二十二　地球の表面 ………………………………… 335

插畫目錄

第十　九州地方
　　九州地方の位置 …………………………………… 183
　　九州地方の地形の略圖と斷面圖 ………………… 184
　　阿蘇山の噴火口 …………………………………… 186
　　九州炭田の分布 …………………………………… 188
　　九州炭の輸送路 …………………………………… 189

別府温泉 ……………………………………………… 189

本邦製鐵原料鐵鑛産地 …………………………… 190

有田にある陶器製造場 …………………………… 191

高千穂の峯 …………………………………………… 192

霧島神宮 ……………………………………………… 193

琉球の榕樹 …………………………………………… 194

臺灣の位置 …………………………………………… 195

臺灣地方の地形の略圖と斷面圖 ……………… 196

新高山 ………………………………………………… 197

東海岸の斷崖 ………………………………………… 197

高雄の一農家とびんらうじ ……………………… 198

臺灣の主な農産物の産額の比較 ……………… 199

朝鮮・臺灣に於ける米産額増減表 …………… 200

さたうきびの收穫 ………………………………… 200

製茶工場 ……………………………………………… 201

灌漑用の貯水地 …………………………………… 201

基隆港のバナナの積出し ………………………… 202

水牛 …………………………………………………… 202

阿里山のひのき …………………………………… 203

粗製樟腦工場 ………………………………………… 203

製糖工場 ……………………………………………… 204

臺灣總督府命令航路 ……………………………… 205

臺灣神社 ……………………………………………… 206

土人の部落 …………………………………………… 207

南洋の部落 …………………………………………… 208

燐礦の採取 …………………………………………… 209

第十三　關東州

旅順港 ………………………………………………… 210

表忠塔 ………………………………………………… 211

大連港埠頭の入口 ………………………………… 211

大連 …………………………………………………… 212

豆粕の積出し ………………………………………… 213

第十四　日本總說
　　　　日本山系圖 ……………………………………………… 214
　　　　日本區劃圖 ……………………………………………… 215
　　　　富士川 ……………………………………………………… 216
　　　　米の生産分布圖 …………………………………………… 218
　　　　麥の生産分布圖 …………………………………………… 219
　　　　我が國の主な農產物の比較 …………………………… 220
　　　　大豆の生産分布圖 ………………………………………… 221
　　　　繭の生産分布圖 …………………………………………… 222
　　　　我が國の主な鑛產物の產額の比較 ………………… 224
　　　　我が國の主な金產地の金の產額の比較 …………… 225
　　　　石炭・石油の分布圖 ……………………………………… 225
　　　　我が國の主な銅產物の產額の比較 ………………… 226
　　　　朝鮮・樺太に於ける水產物の增加表 ……………… 227
　　　　かに工船內の作業 ………………………………………… 227
　　　　我が國の主な工業品の產額の比較 ………………… 229
　　　　各種の織物類の產額の比較 …………………………… 229
　　　　我が國に於ける水力發電所の分布圖 ……………… 229
　　　　綿織物の生産分布圖 ……………………………………… 230
　　　　最新式蒸氣機關車 ………………………………………… 231
　　　　自動車の分布圖 …………………………………………… 232
　　　　我が太平洋航路のアルゼンチン丸 …………………… 233
　　　　旅客飛行機 …………………………………………………… 234
　　　　ラヂオの放送所 …………………………………………… 235
　　　　主な貿易品の貿易額の比較 …………………………… 235
　　　　主な貿易取引先とその貿易額の比較 ……………… 236
　　　　主な開港場の貿易額の比較 …………………………… 236
　　　　主な開港場の輸出入額の比較 ………………………… 237
　　　　我が國の人口分布圖 ……………………………………… 237
第十五　滿洲
　　　　滿洲の地形の略圖の斷面圖 …………………………… 239
　　　　大豆の生産分布圖 ……………………………………… 240

たうもろこしの分布圖 …………………………… 241
新京に於ける大豆の野積み ……………………… 242
粟の生產分布圖 …………………………………… 242
高粱の生產分布圖 ………………………………… 243
米の生產分布圖 …………………………………… 244
安東の滿洲人の筏流し …………………………… 244
撫順炭坑の露天堀 ………………………………… 245
營口港 ……………………………………………… 247
龍井街の市場 ……………………………………… 247
新京の市街 ………………………………………… 249
奉天の市街 ………………………………………… 249
ハルピンの市街 …………………………………… 250

第十六　中華民國
中華民國の地形の略圖 …………………………… 252
保定の棉花集積 …………………………………… 254
山東塩の山 ………………………………………… 254
北京の正陽門 ……………………………………… 255
靑島 ………………………………………………… 256
黃河の鐵橋 ………………………………………… 257
上海港 ……………………………………………… 257
南京の埠頭 ………………………………………… 258
漢口と揚子江 ……………………………………… 258
大冶鐵山 …………………………………………… 259
漢陽にある製鐵所 ………………………………… 259
香港 ………………………………………………… 260
廣東 ………………………………………………… 260
蒙古聯合自治政府地域圖 ………………………… 261
ゴビ沙漠と隊商 …………………………………… 261
龍煙鐵鑛 …………………………………………… 262
大同炭坑 …………………………………………… 262
蒙疆の部落 ………………………………………… 263
包頭に於ける皮筏 ………………………………… 263

　　　　我が國と中華民國との貿易品の貿易額 ⋯⋯⋯⋯⋯⋯⋯ 265
　第十七　アジヤ＝ヨーロッパ大陸
　　　　アジヤ＝ヨーロッパ大陸の地形の略圖 ⋯⋯⋯⋯⋯⋯⋯ 268
　　　　ヒマラヤ山脈 ⋯⋯⋯⋯⋯⋯⋯⋯⋯⋯⋯⋯⋯⋯⋯⋯⋯⋯ 269
　　　　アルプ山脈 ⋯⋯⋯⋯⋯⋯⋯⋯⋯⋯⋯⋯⋯⋯⋯⋯⋯⋯⋯ 270
　　　　中部ヨーロッパ洲の可航河川及運河 ⋯⋯⋯⋯⋯⋯⋯ 271
　　　　中央アジヤの草原 ⋯⋯⋯⋯⋯⋯⋯⋯⋯⋯⋯⋯⋯⋯⋯⋯ 271
　　　　黑龍江 ⋯⋯⋯⋯⋯⋯⋯⋯⋯⋯⋯⋯⋯⋯⋯⋯⋯⋯⋯⋯⋯ 273
　　　　凍原ととなかい ⋯⋯⋯⋯⋯⋯⋯⋯⋯⋯⋯⋯⋯⋯⋯⋯⋯ 274
　　　　我が國人の漁業 ⋯⋯⋯⋯⋯⋯⋯⋯⋯⋯⋯⋯⋯⋯⋯⋯⋯ 275
　　　　ウラジボストック ⋯⋯⋯⋯⋯⋯⋯⋯⋯⋯⋯⋯⋯⋯⋯⋯ 275
　　　　ノボシビルスク ⋯⋯⋯⋯⋯⋯⋯⋯⋯⋯⋯⋯⋯⋯⋯⋯⋯ 276
　　　　樺太の油田 ⋯⋯⋯⋯⋯⋯⋯⋯⋯⋯⋯⋯⋯⋯⋯⋯⋯⋯⋯ 276
　　　　ゴム液の採集 ⋯⋯⋯⋯⋯⋯⋯⋯⋯⋯⋯⋯⋯⋯⋯⋯⋯⋯ 278
　　　　スマトラ島の土人の家 ⋯⋯⋯⋯⋯⋯⋯⋯⋯⋯⋯⋯⋯⋯ 278
　　　　マニラ麻の乾場 ⋯⋯⋯⋯⋯⋯⋯⋯⋯⋯⋯⋯⋯⋯⋯⋯⋯ 279
　　　　我が國へ輸入される粗糖 ⋯⋯⋯⋯⋯⋯⋯⋯⋯⋯⋯⋯⋯ 279
　　　　マニラ ⋯⋯⋯⋯⋯⋯⋯⋯⋯⋯⋯⋯⋯⋯⋯⋯⋯⋯⋯⋯⋯⋯ 280
　　　　フィリピンのタバオに於ける日本人市街 ⋯⋯⋯⋯⋯ 280
　　　　世界に於ける綿の產額の比較 ⋯⋯⋯⋯⋯⋯⋯⋯⋯⋯⋯ 281
　　　　印度の茶摘 ⋯⋯⋯⋯⋯⋯⋯⋯⋯⋯⋯⋯⋯⋯⋯⋯⋯⋯⋯ 282
　　　　カルカッタ港 ⋯⋯⋯⋯⋯⋯⋯⋯⋯⋯⋯⋯⋯⋯⋯⋯⋯⋯ 282
　　　　ボンベー ⋯⋯⋯⋯⋯⋯⋯⋯⋯⋯⋯⋯⋯⋯⋯⋯⋯⋯⋯⋯⋯ 283
　　　　我が國へ輸入される綿 ⋯⋯⋯⋯⋯⋯⋯⋯⋯⋯⋯⋯⋯⋯ 283
　　　　バーミンガム ⋯⋯⋯⋯⋯⋯⋯⋯⋯⋯⋯⋯⋯⋯⋯⋯⋯⋯ 284
　　　　ロンドンの市街 ⋯⋯⋯⋯⋯⋯⋯⋯⋯⋯⋯⋯⋯⋯⋯⋯⋯ 285
　　　　リバプール ⋯⋯⋯⋯⋯⋯⋯⋯⋯⋯⋯⋯⋯⋯⋯⋯⋯⋯⋯ 286
　　　　フランスのぶだう畑 ⋯⋯⋯⋯⋯⋯⋯⋯⋯⋯⋯⋯⋯⋯⋯ 287
　　　　オリーブの收穫 ⋯⋯⋯⋯⋯⋯⋯⋯⋯⋯⋯⋯⋯⋯⋯⋯⋯ 287
　　　　パリーの市街 ⋯⋯⋯⋯⋯⋯⋯⋯⋯⋯⋯⋯⋯⋯⋯⋯⋯⋯ 288
　　　　ロシヤの農場 ⋯⋯⋯⋯⋯⋯⋯⋯⋯⋯⋯⋯⋯⋯⋯⋯⋯⋯ 289
　　　　モスコーの市街 ⋯⋯⋯⋯⋯⋯⋯⋯⋯⋯⋯⋯⋯⋯⋯⋯⋯ 289

ノルウェーの漁港 ……………………………… 290

甜菜畑と甜菜 ……………………………………… 291

ベルリンの市街 ………………………………… 291

オランダの風景 ………………………………… 292

ローマの市街 …………………………………… 293

ネープルス港 …………………………………… 293

アルプ山中ノケーブルカー …………………… 294

世界に於ける石炭の産額の比較 ……………… 295

中部ヨーロッパに於ける石炭と鐵鑛の主な産地 ……… 296

世界に於ける銑鐵の産額の比較 ……………… 296

ハンブルグ ……………………………………… 297

アジヤ＝ヨーロッパ大陸の交通の略圖 ………… 298

スエズ運河 ……………………………………… 299

第十八　アメリカ大陸

アメリカ大陸の地形の略圖 …………………… 301

ロッキー山脈 …………………………………… 302

アンデス山脈 …………………………………… 303

ナイヤガラの瀑布 ……………………………… 304

合衆國に於ける小麥の收穫 …………………… 305

アメリカ合衆國に於ける自動車の工場 ……… 307

ニューヨーク港 ………………………………… 307

ワシントン ……………………………………… 308

世界に於ける綿の産額の比較 ………………… 309

棉の集積 ………………………………………… 309

サンフランシスコ港 …………………………… 309

アメリカ合衆國の太平洋沿岸の油井 ………… 310

我が國との主な貿易品の貿易額の比較 ……… 310

合衆國の太平洋沿岸に在住する我が國人の農園 ……… 311

ニューフォンドランドの漁港 ………………… 311

バンクーバー港 ………………………………… 312

アマゾン河の沿岸の密林 ……………………… 313

コーヒーの收穫 ………………………………… 314

リオデジャネーロ港 …………………………… 314

サンパウロ ……………………………………… 315

サントス港 ……………………………………… 315

南米に於ける我が國人の村 …………………… 316

ブェノスアイレス港 …………………………… 317

チリーの銅山 …………………………………… 317

アメリカ大陸の交通の略圖 …………………… 319

パナマ運河 ……………………………………… 320

大西洋航路の大きな汽船 ……………………… 320

第十九　　太平洋

珊瑚礁を持つた火山島 ………………………… 322

ホノルル港 ……………………………………… 323

オーストラリヤに於ける牧羊 ………………… 324

世界に於ける羊毛の産額の比較 ……………… 324

羊毛の刈取り …………………………………… 325

シドニー港 ……………………………………… 326

ニュージーランドの火山 ……………………… 326

太平洋に於ける列強の勢力 …………………… 327

第二十　　アフリカ大陸

サハラの沙漠 …………………………………… 329

ナイル川の洪水とピラミッド ………………… 330

南アフリカ聯邦の金山 ………………………… 331

第二十一　日本と世界

主要國の汽船(百噸以上)の隻數と噸數 ……… 333

第二十二　地球の表面

緯線・經線・經緯線 …………………………… 336

晝夜・四季の表はれ方 ………………………… 337

日附變更線 ……………………………………… 338

氣候帶 …………………………………………… 339

序 文

1. 조선총독부 편찬 초등학교 <地理>교과서 원문서 발간의 의의

본서는 일제강점기 조선총독부에 의해 편찬된 관공립 초등학교용 <地理>교과서 『初等地理書』卷一·二(1932-33, 2권), 『初等地理』卷一·二(1940-41, 2권), 『初等地理』第五·六學年(1944) 등 총 6권에 대한 원문서이다.

교과서는 국민교육의 정수(精髓)로, 한 나라의 역사진행과 불가분의 관계성을 지니고 있기에 그 시대 교과서 입안자의 의도는 물론이려니와 그 교과서로 교육받은 세대(世代)가 어떠한 비전을 가지고 새 역사를 만들어가려 하였는지를 알아낼 수 있다.

주지하다시피 한국의 근대는 일제강점을 전후한 시기와 중첩되어 있었는데, 그 관계가 '국가 對 국가'이기보다는 '식민자 對 식민지'라는 일종의 수직적 관계였기에 정치, 경제, 사회, 문화, 교육에 이르기까지 일제의 영향을 배제하고는 생각하기 어렵다.

이는 교육부문에서 두드러진 현상으로 나타난다. 근대교육의 여명기에서부터 일본의 간섭이 시작되었던 탓에 한국의 근대교육은 채 뿌리를 내리기도 전에 일본의 교육시스템을 받아들이게 되었고, 이후 해방을 맞기까지 모든 교육정책과 공교육을 위한 교과서까지도 일제가 주도한 교육법령에 의해 강제 시행되게 되었다. 그런 까닭에 일제강점기 공교육의 기반이 되었던 교과서를 일일이 찾아내어 새

로이 원문을 구축하고 이를 출판하는 작업은 '教育은 百年之大系'라는 생각으로 공교육을 계획하는 국가 교육적 측면에서도 매우 중차대한 일이라 여겨진다. 이야말로 근대 초등교과과정의 진행과 일제의 식민지교육정책에 대한 실체를 가장 적확하게 파악할 수 있는 기반이 될 뿐만 아니라, 현 시점에서 보다 나은 시각으로 역사관을 구명할 수 있는 기초자료가 될 수 있기 때문이다.

지금까지 우리는 "일본이 조선에서 어떻게 했다"는 개괄적인 것은 수없이 들어왔으나, "일본이 조선에서 이렇게 했다"는 실체(實體)를 보여준 적은 지극히 드물었다. 이는 '먼 곳에 서서 숲만 보여주었을 뿐, 정작 보아야 할 숲의 실체는 보여주지 못했다.'는 비유와도 상통한다. 때문에 본 집필진은 이미 수년전부터 한국역사상 교육적 식민지 기간이었던 일제강점기 초등교과서의 발굴과 이의 복원 정리 및 연구에 진력해 왔다. 가장 먼저 한일 <修身>교과서 58권(J:30권, K:28권) 전권에 대한 원문서와 번역서를 출간하였고, <國語(일본어)>교과서 72권 전권에 대한 원문서와 번역서의 출간을 지속적으로 진행하고 있는 중에 있다. 또한 <唱歌>교과서의 경우 19권 전권을 원문과 번역문을 함께 살펴볼 수 있도록 대조번역서로서 출간한 바 있다. 또한 이들 교과서에 대한 집중연구의 결과는 이미 연구서로 출간되어 있는 상태이다.

일제강점기 조선의 초등학교에서 사용되었던 <地理>교과서 원문서 발간은 이러한 작업의 일환에서 진행된 또 하나의 성과이다. 본 원문서 발간의 필연성은 여타의 교과서와는 다른 <地理>교과서의 교육적 효과, 즉 당시의 사회상을 통계와 실측에 기초한 각종 이미지 자료를 활용하여 보다 실증적인 교육전략을 구사하고 있기에 그 의의를 더한다.

한국이 일본에 강제 병합된 지 어언 100년이 지나버린 오늘날, 그 시대를 살아온 선인들이 유명을 달리하게 됨에 따라 과거 민족의 뼈 아팠던 기억은 갈수록 희미해져 가고 있다. 국가의 밝은 미래를 그려 보기 위해서는 힘들고 어려웠던 지난날의 고빗길을 하나하나 되짚어 보는 작업이 선행되어야 하지만, 현실은 급변하는 세계정세를 따르는데 급급하여 이러한 작업은 부차적인 문제로 취급되고 있는 실정이다. 과거를 부정하는 미래를 생각할 수 없기에 이러한 작업이 무엇보다도 우선시되어야 할 필연성을 절감하지 않을 수 없는 것이다.

최근 일본 정치권에서는 제국시절 만연했던 국가주의를 애국심으로 환원하여 갖가지 전략을 구사하고 있다. 물론 과거의 침략전쟁에 대한 비판의 목소리도 있긴 하지만, 현 일본 정치권의 이같은 자세에 대해 더더욱 실증적인 자료 제시의 필요성을 느낀다.

본서의 발간은 일제강점기 조선인 학습자에게 시행되었던 <地理>교과서를 복원함으로써 <地理>교육에 대한 실증적 자료제시와 더불어 관련연구의 필수적 기반으로 삼고자 하는 것이다.

2. 일제강점기 지리교육의 전개와 <地理>교과서

1) 식민지 지리교육의 전개

한국 근대교육의 교과목에 공식적으로 <歷史>와 함께 <地理>과목이 편제된 것은 1906년 8월 공포된 <普通學校令> 제6조의 "普通學校 敎科目은 修身, 國語 및 漢文, 日語, 算術, 地理, 歷史, 理科, 圖畫, 體操로 한다. 여자에게는 手藝를 가한다."(勅令 제44호)는 조항에

의한다. 그러나 <普通學校規則> 제9조 7항을 보면 "地理歷史는特別
혼時間을定치아니ᄒ고國語讀本及日語讀本에所載한바로敎授ᄒᄂ니
故로讀本中此等敎授敎材에關교ᄒ야는特히反復丁寧히說明ᄒ야學徒
의記憶을明確히홈이라."고 되어 있어, 별도의 시수 배정이나 교과서
편찬은 하지 않고 國語(일본어) 과목에 포함시켜 교육하고 있었음을
말해준다.

　이러한 시스템은 강점이후로 그대로 이어졌다. 한국을 강제 병합
한 일본은 한반도를 일본제국의 한 지역으로 인식시키기 위하여 '大
韓帝國'을 '朝鮮'으로 개칭(改稱)하였다. 그리고 제국주의 식민지정
책 기관으로 '朝鮮總督府'를 설치한 후, 초대총독으로 데라우치 마사
타케(寺內正毅, 이하 데라우치)를 임명하여 원활한 식민지경영을 위
한 조선인의 교화에 착수하였다. 이를 위하여 무엇보다도 역점을 둔
정책은 식민지 초등교육이었다. 1911년 8월 공포된 <朝鮮敎育令>
全文 三十條에는 데라우치의 조선인교육에 관한 근본방침이 그대로
담겨 있는데, 그 요지는 '일본인 자제에게는 학술, 기예의 교육을 받
게 하여 국가융성의 주체가 되게 하고, 조선인 자제에게는 덕성의 함
양과 근검을 훈육하여 충량한 국민으로 양성해 나가는 것'이었다. 교
과서의 편찬도 이의 취지에 따라 시도되었다.

　그러나 강점초기 <地理> 및 <歷史>과목은 이전과는 달리 교과목
편제조차 하지 않았다. 당시 4년제였던 보통학교의 학제와 관련지어
5, 6학년에 배정된 역사, 지리과목을 설치할 수 없다는 표면적인 이
유에서였지만, 그보다는 강점초기 데라우치가 목적했던 조선인교육
방침, 즉 "덕성의 함양과 근검을 훈육하여 충량한 국민으로 양성"해
가는데 <地理>과목은 필수불가결한 과목에 포함되지 않았다는 의
미에서였을 것이다. <地理>에 관련된 내용이나 변해가는 지지(地

誌)의 변화 등 지극히 일반적인 내용이나 국시에 따른 개괄적인 사항은 일본어교과서인 『國語讀本』에 부과하여 학습하도록 규정하고 있었기에, 좀 더 심화된 <地理>교과서 발간의 필요성이 요구되지 않았던 까닭으로 보인다.

일제강점기 초등교육과정에서 독립된 교과목과 교과서에 의한 본격적인 지리교육은 <3·1운동> 이후 문화정치로 선회하면서부터 시작되었다. 보통학교 학제를 내지(일본)와 동일하게 6년제로 적용하게 되면서 비로소 5, 6학년과정에 <國史(일본사)>와 함께 주당 2시간씩 배정 시행되게 된 것이다. 이러한 사항은 1922년 <제2차 교육령> 공포에 의하여 법적 근거가 마련되게 되었다. 이후의 <地理>교육은 식민지교육정책 변화에 따른 교육법령의 개정과 함께 <地理>과 교수요지도 변화하게 된다. 그 변화 사항을 <표 1>로 정리해 보았다.

<표 1> 조선 교육령 시기별 <地理>과 교수 요지

시 기	법적근거	내 용
2차 교육령 (1922. 2. 4)	보통학교 규정 14조 조선총독 부령 제8호 (동년 2. 20)	- 지리는 지구의 표면 및 인류생활의 상태에 관한 지식 일반을 가르치며, 또한 우리나라(일본) 국세의 대요를 이해하도록 하여 애국심을 기르는데 기여하는 것을 요지로 한다. - 지리는 우리나라(일본)의 지세, 기후, 구획, 도회(都會), 산물, 교통 등과 함께 지구의 형상, 운동 등을 가르치도록 한다. 또한 조선에 관한 사항을 상세하게 하도록 하며, 만주지리의 대요를 가르치고, 동시에 우리나라(일본)와의 관계에서 중요한 여러 국가들의 지리에 대해 간단한 지식을 가르치도록 한다. - 지리를 가르칠 때는 될 수 있는 한 실제 지세의 관찰에 기초하며, 또한 지구본, 지도, 표본, 사진 등을 제시하여 확실한 지식을 가지도록 한다. 특히 역사 및 이과의 교수사항과 서로 연계할 수 있도록 한다.

3 차 교 육 령 (1938. 3. 3)	소학교규 정 21조 조선총독 부령 제24호 (동년 3. 15)	- 지리는 자연 및 인류생활의 정태에 대해서 개략적으로 가 르쳐서 우리 국세의 대요와 여러 외국의 상태 일반을 알게 하야 우리나라의 지위를 이해시킨다. 이를 통해서 애국심을 양성하고 국민의 진위발전의 지조와 기상을 기르는 데에도 기여하도록 한다. - 심상소학교에서는 향토의 실세로부터 시작하여 우리나라의 지세, 기후, 구획, 도회, 산물, 교통 등과 함께 지구의 형상, 운동 등의 대요를 가르친다. 또한 만주 및 중국 지리의 대요 를 알게 하며, 동시에 우리나라와 밀접한 관계를 유지하는 여러 외국에 관한 간단한 지식을 가르치고 이를 우리나라 (일본)와 비교하도록 한다. - 고등소학교에서는 각 대주(大洲)의 지세, 기후, 구획, 교통 등의 개략에서 나아가 우리나라와 밀접한 관계를 가지는 여 러 외국의 지리 대요 및 우리나라의 정치 경제적인 상태, 그 리고 외국에 대한 지위 등의 대요를 알게 한다. 또한 지리학 일반에 대해서도 가르쳐야 한다. - 지리를 가르칠 때는 항상 교재의 이동에 유의하여 적절한 지식을 제공하고, 또한 재외 거주 동포들의 활동상황을 알 게 해서 해외발전을 위한 정신을 양성하도록 해야 한다. - 지리를 가르칠 때는 될 수 있는 대로 실지의 관찰에 기초하 며, 또한 지구의, 지도, 표본, 사진 등을 제시하여 확실한 지 식을 가지도록 한다. 특히 역사 및 이과의 교구사항과 서로 연계할 수 있도록 한다.
국 민 학 교 령 (1941. 3)과 4 차 교 육 령 (1943. 3. 8)	국민학교 규정 7조 조선총독 부령 제90호	- 국민과의 지리는 우리국토, 국세 및 여러 외국의 정세에 대 해 이해시키도록 하며, 국토애호의 정신을 기르고 동아시아 및 세계 속에서 황국의 사명을 자각시키는 것으로 한다. - 초등과는 생활환경에 대한 지리적 관찰에서 시작하여 우리 국토 및 동아시아를 중심으로 하는 지리대요를 가르치며, 우리 국토를 올바르게 인식시키고 다시 세계지리 및 우리 국세의 대요를 가르쳐야 한다. - 자연과 생활과의 관계를 구체적으로 고찰하도록 하며, 특히 우리 국민생활의 특질을 분명하게 밝히도록 한다. - 대륙전진기지로서 조선의 지위와 사명을 확인시켜야 한다. - 재외국민의 활동상황을 알도록 해서 세계응비의 정신을 함 양하는데 힘써야 한다. - 간이한 지형도, 모형 제작 등 적당한 지리적 작업을 부과해 야 한다. - 지도, 모형, 도표, 표본, 사진, 회화, 영화 등은 힘써 이를 이

		용하여 구체적, 직관적으로 습득할 수 있도록 해야 한다. - 항상 독도력의 향상에 힘써 소풍, 여행 기타 적당한 기회에 이에 대한 실지 지도를 해야 한다.

위의 교육령 시기별 <地理>과 교수요지의 중점사항을 살펴보면, <2차 교육령> 시기는 지리교육 본연의 목적인 "지구의 표면 및 인류생활의 상태에 관한 지식 일반"과 함께 "국세의 대요 이해"와 "애국심 앙양"에, <3차 교육령> 시기에는 이에 더하여 "국민의 진위발전의 지조와 기상 육성", "해외발전을 위한 정신양성"에 중점을 두었다. 그리고 <태평양전쟁>을 앞두고 전시체제를 정비하기 위해 <국민학교령>을 공포 이후부터는 '修身', '國語', '歷史'과목과 함께 「國民科」에 포함되어 "국토애호정신의 함양", "황국의 사명 자각, 즉 대륙전진기지로서 조선의 지위와 사명의 확인"이라는 사항이 추가로 부과되어 <4차 교육령> 시기까지 이어진다. 식민지 <地理>교육은 각 시기별 교육법령 하에서 이러한 중점사항을 중심으로 전개되었다.

2) 일제강점기 <地理>교과서와 교수시수

식민지 초등학교에서의 본격적인 <地理>교육은 1920년대부터 시행되었으며, 처음 교과서로는 일본 문부성에서 발간한『尋常小學地理』와 조선의 실정을 감안한 2권의 보충교재, 즉 문부성 편찬의『尋常小學地理』卷一・卷二에 조선지리 부분은 ①『尋常小學地理補充教材』(1920)와 ②『普通學校地理補充教材』(1923)가 사용되었다. 이후 근로애호, 흥업치산의 정신이 강조되면서 1927년 <보통학교규

정>이 개정되고, 아울러 식민지 조선의 실정에 입각한 보통학교용
지리교과서 개발의 필요성이 제기됨에 따라 새롭게 편찬된 교과서
가 ③『初等地理書』卷一・卷二(1932~33)이다.

『初等地理書』卷一・卷二는 당시 학문으로서의 과학성보다는 교
양으로서 실용성을 우위에 두었던 일본 지리교육계의 보편적 현상
에 따라 일차적으로 지방을 구분하고 자연 및 인문의 항목 순으로
기술하는 정태(情態)적 구성방식을 취하였고, 내용면에서는 당시의
식민지 교육목적을 반영하였다. 이후 식민지기 조선에서 사용된 초
등학교 <地理>교과서는 시세에 따른 교육법령과 이의 시행규칙에
의하여 위와 같이 부분 혹은 대폭 개정되게 된다. 다음은 일제강점기
<地理>교과서 발간사항이다.

<표 2> 일제강점기 조선총독부 <地理>교과서 편찬 사항

No	교 과 서 명	발행 년도	분량	가격	사용 시기	비 고
①	尋常小學地理補充教材	1920	44	10錢	1920~1922	일본문부성편찬『尋常小學 地理』上・下를 주로하고 조선 관련사항을 보충교 재로 사용함.
②	普通學校地理補充教材 全	1923	32	10錢	1923~1931	
③	初等地理書 卷一	1932	134	18錢	1931~1936	조선총독부발간 초판 지 리교과서임.(2차 교육령의 보통학교규정 반영)
	初等地理書 卷二	1933	190	20錢		
④	初等地理 卷一	1937	143	17錢	1937~1939	부분개정
	初等地理 卷二	1937	196	19錢		
⑤	初等地理 卷一	1940	151	19錢	1940~1942	〃 (3차 교육령 반영)
	初等地理 卷二	1941	219	24錢		
⑥	初等地理 卷一	1942	151	24錢	1942~1943	〃 (국민학교령 반영)
	初等地理 卷二	1943	152	24錢		
⑦	初等地理 第五學年	1944	158	29錢	1944~1945	전면개편 (4차 교육령 반영)
	初等地理 第六學年	1944	159	28錢		

1931년 9월 <만주사변>을 일으킨 일제는 이듬해인 1932년 만주

국을 건설하고 급기야 중국본토를 정복할 목적으로 1937년 7월 <중일전쟁>을 개시하였다. 그리고 조선과 조선인의 전시동원을 목적으로 육군대장 출신 미나미 지로(南次郎)를 제7대 조선총독으로 임명하여 강력한 황민화정책을 시행코자 하였으며, 이의 법적장치로 '국체명징(國體明徵)', '내선일체', '인고단련(忍苦鍛鍊)' 등을 3대 강령으로 하는 <3차 교육령>을 공포(1938)하기에 이른다. 개정된 교육령에서 이전에 비해 눈에 띄게 변화된 점은 단연 교육기관 명칭의 개칭과 교과목의 편제이다. 기존의 '보통학교(普通學校)'를 '소학교(小學校)'로, '고등보통학교'를 '중학교(中學校)'로, '여자고등보통학교'를 '고등여학교(高等女學校)'로 개칭하였음이 그것이며, 교과목의 편제에 있어서도 '조선어'는 수의과목(선택과목)으로, '國語(일본어)', '國史(일본사)', '修身', '體育' 등의 과목은 한층 강화하였다.

　이러한 취지는 ⑤『初等地理』卷一・二(1940~41)에 그대로 반영되었다.『初等地理』卷一・二(1940~41)의 변화사항은 구성과 내용 공히 시세에 따른 변화된 사항이 상당부분 반영되었다. 구성면에서는 국내지리는 종전의 방식을 이어간 반면 특히 세계지리의 구성이 대폭 조정되었으며, 내용면에서는 당시의 지리교육목적인 '대륙전진기지로서의 조선의 지위와 사명을 자각시키는 것'에 중점을 둔 기술방식으로의 전환이 특징적이다.

　<중일전쟁>이 갈수록 확장되고, 유럽에서는 독일의 인근국가 침략으로 시작된 동구권의 전쟁에 영국과 프랑스가 개입하면서 <2차 세계대전>으로 확대되어갈 조짐이 보이자 일제는 급변하는 세계정세의 흐름에 대처하기 위한 식민지교육 방안으로 교육체제 전면개편을 결정하고, 이를 <國民學校令>(1941)으로 공포하였다. 이에 따라 기존의 '小學校'를 전쟁에 참여할 국민양성을 목적한 '國民學校'로

개칭하였고, 교과목 체제도 합본적 성격의 「國民科」, 「理數科」, 「體鍊科」, 「藝能科」, 「實業科」 등 5개과로 전면 개편되었다. <修身>, <國語>, <國史>와 함께 <地理>과목이 속해 있는 「國民科」의 경우 "교육칙어의 취지를 받들어 皇國의 道를 수련(修練)하게 하고 國體에 대한 信念을 깊게 함"(국민학교령시행규칙 제1조)은 물론 "國體의 精華를 분명히 하여 國民精神을 함양하고, 皇國의 使命을 자각하게 하는 것"(동 규칙 제2조)을 요지로 하고 있으며, 이의 수업목표는 동 규칙 제3조에 다음과 같이 제시하였다.

國民科는 我國의 도덕, 언어, 역사, 국사, 국토, 國勢 등을 습득하도록 하며, 특히 國體의 淨化를 明白하게 하고 國民精神을 涵養하여 皇國의 使命을 自覺하도록 하여 忠君愛國의 志氣를 養成하는 것을 요지로 한다. 皇國에 태어난 것을 기쁘게 느끼고 敬神, 奉公의 眞意를 체득시키도록 할 것. 我國의 歷史, 國土가 우수한 국민성을 육성시키는 理致임을 알게 하고 我國文化의 特質을 明白하게 하여 그것의 創造와 發展에 힘쓰는 정신을 양성할 것. 타 교과와 서로 연결하여 정치, 경제, 국방, 해양 등에 관한 사항의 敎授에 유의 할 것."[1]

이 시기 개정 발간된 ⑥『初等地理』卷一·二(1943-43)는 교과서의 전면 개편과정 중에 소폭 개정한 임시방편의 교과서로, 종전의 방식을 유지하는 가운데 이러한 취지와 국세의 변화사항을 반영하고 있어 과도기적 교과서라 할 수 있다.

<태평양전쟁>이 고조되고 전세가 점점 불리하게 전개됨에 따라 모든 교육제도와 교육과정의 전시체제 강화를 절감하고 <4차 조선교

1) <國民學校規正> 제3조, 1941. 3. 31.

육령>을 공포하기에 이른다. 그 취지는 말할 것도 없이 '전시적응을 위한 국민연성(國民練成)'이었으며, 당시 총독 고이소 구니아키(小磯國昭)가 밝혔듯이 "國家의 決戰體制下에서 특히 徵兵制 及 義務敎育制度를 앞두고 劃期的인 刷新을 도모할 必要"[2]에 의한 것이었다.

조선아동의 전시적응을 위해 전면 개편된 ⑦『初等地理』五·六學年用(1944)의 획기적인 변화로 꼽을 수 있는 것은 첫째, 구성면에서 지리구를 도쿄(東京)를 출발하는 간선철도에 따른 대(帶) 즉, 존(Zone)으로 구분한 점. 둘째, 내용기술면에서는 각각의 지역성과 지방색에 따른 테마를 항목으로 선정하여 기술한 점. 셋째, 표기와 표현 면에서는 대화와 동작을 유도하는 기술방식을 취한 점 등을 들 수 있겠다.

학습해야 할 분량과 가격의 변화도 간과할 수 없다. 먼저 분량을 살펴보면, 1932~33년『初等地理書』가 324면(卷一134/卷二190)이었던 것이 1937년『初等地理』는 339면(143/196)으로, 1940년『初等地理』에 이르면 377면(158/219)으로 <3차 교육령>이 반영된 교과서까지는 개정 때마다 증가추세를 보여주고 있다. 이는 급변하는 세계정세에 따른 필수적 사항을 추가 반영하였던 까닭이다. 그러나 일정한 시수에 비해 갈수록 증가하는 학습 분량은 교사나 아동에게 상당한 부담이 되어 오히려 식민지 교육정책을 역행하는 결과를 초래하기까지 하였다. 더욱이 <國民學校令>(1941) 이후 시간당 수업시한이 40분으로 감축[3]된데다, 그나마 전시총동원 체제에 따른 물자부족이나 5, 6

---

2) 朝鮮總督府(1943)「官報」제4852호(1943.4.7)
3) <소학교령>시기까지 초등학교의 시간당 수업시한은 45분이었는데, <國民學校令>시기에 이르러 40분으로 단축되었다. <地理>과목이 5, 6학년과정에 주당 2시간씩 배정되었음을 반영한다면, 주당 10분, 월 40~45분이 감소하며, 1년간 총 수업일수를 40주로 본다면 연간 400

학년 아동의 학습 외의 필수적 활동 등을 고려하여 학습 분량을 대폭 축소하지 않으면 안 될 상황이 되었다. 1942~43년 발간『初等地理』가 303면(151/152)으로 급격히 줄어든 까닭이 여기에 있다 하겠다.

교과서의 가격은 시기에 따라 소폭의 상승세로 나아가다가 1944년 발간된『初等地理』五·六學年用에서 교과서 분량에 비해 대폭 인상된 면을 드러낸다. 이는 태평양전쟁 막바지로 갈수록 심화되는 물자부족에 가장 큰 원인이 있었을 것으로 보인다.

이어서 주당 교수시수를 살펴보자.

<표 3> 각 교육령 시기별 주당 교수시수

시기 과목/학년	제2차 조선교육령		제3차 조선교육령		<국민학교령> 과 제4차 조선교육령			비 고
	5학년	6학년	5학년	6학년	4학년	5학년	6학년	
地理	2	2	2	2	1	2	2	
歷史	2	2	2	2	1	2	2	

앞서 언급하였듯이 식민지초등교육과정에서 <地理>과목은 <歷史>과와 더불어 1920년대 이후 공히 2시간씩 배정 시행되었다. 여기서 <4차 교육령>시기 4학년 과정에 별도의 교과서도 없이 <地理>, <歷史> 공히 수업시수가 1시간씩 배정되어 있음을 주목할 필요가 있을 것이다. 이는 당시 조선총독 고이소 구니아키의 교육령 개정의 중점이 "人才의 國家的 急需에 응하기 위한 受業年限 단축"[4]에 있었기 때문일 것이다. 그것이 <교육에 관한 전시비상조치령>(1943) 이후 각종 요강 및 규칙[5]을 연달아 발포하여 초등학생의 결전태세를

분(약 10시간정도)이 감소한 셈이다.
4) 朝鮮總督府(1943)「官報」제4852호(1943.4.7)
5) <전시학도 체육훈련 실시요강>(1943.4), <학도전시동원체제확립요강>(1943.6),

강화하는 조치로 이어졌으며, 마침내 학교수업을 1년간 정지시키고 학도대에 편입시키기는 등의 현상으로도 나타났다. 4학년 과정에 <地理>과의 수업시수를 배정하여 필수적 사항만을 습득하게 한 것은 이러한 까닭으로 여겨진다.

3. 본서의 편제 및 특징

일제강점기 조선아동을 위한 <地理>교과목은 1920년대 초 학제개편 이후부터 개설된 이래, <地理>교육을 위한 교과서는 앞서 <표2>에서 살핀 바와 같이 시세에 따른 교육법령과 이의 시행규칙에 따라 '부분개정' 혹은 '전면개편'되었다. 앞의 <표 2>에 제시된 일제강점기 조선총독부 편찬 <地理>교과서 중 ③『初等地理書』卷一・二(1932~33, 2권), ⑤『初等地理』卷一・二(1940~41, 2권), ⑦『初等地理』第五・六學年(1944) 6冊에 대한 원문서 구축의 필연성이 요구되었다. 이는 여러 교과서중 가장 변화의 폭이 컸다는 점도 있었지만, 그보다는 ③은 조선아동의 본격적인 <地理>교육을 위한 처음 교과서로서 의미가 컸으며, ⑤는 중일전쟁기에 발호된 <3차 교육령>의 강력한 황민화정책이 그대로 반영되었기 때문이다. 그리고 ⑦은 태평양전쟁기에 발포된 <국민학교령>과 <4차교육령>에 의하여 전격 개편된 교과서였다는 점이 부각되었던 까닭이다.

<해군특별지원병령>(1943.7), <교육에 관한 전시비상조치방책>(1943.10), <학도군사교육요강 및 학도동원 비상조치요강>(1944.3), <학도동원체제정비에 관한 훈령>(1944.4), <학도동원본부규정>(1944.4), <학도근로령>(1944.8), <학도근로령시행규칙>(1944.10), <긴급학도근로동원방책요강>(1945.1), <학도군사교육강화요강>(1945.2), <결전비상조치요강에 근거한 학도동원실시요강>(1945.3), <결전교육조치요강>(1945.3) 등

<표 4> 조선총독부 편찬 『初等學校 地理』의 편제

No	교과서명	권(학년)	간행	출판서명
③	初等地理書	卷一 (5학년용)	1932	조선총독부 편찬
		卷二 (6학년용)	1933	初等學校『地理』교과서(上)
⑤	初等地理	卷一 (5학년용)	1940	조선총독부 편찬
		卷二 (6학년용)	1941	初等學校『地理』교과서(中)
⑦	初等地理	第五學年 (1944)	1944	조선총독부 편찬
		第六學年 (1944)	1944	初等學校『地理』교과서(下)

끝으로 본서 발간의 의미와 특징을 간략하게 정리해 본다.

(1) 본서의 발간은 그동안 한국근대사 및 한국근대교육사에서 배제되어 온 일제강점기 초등학교 교과서 복원작업의 일환에서 진행된 또 하나의 성과이다.

(2) 일제강점기 식민지 아동용 <地理>교과서를 일일이 찾아내고 가장 큰 변화의 선상에 있는 <地理>교과서의 원문을 복원함으로써 일제에 의한 한국 <地理>교육의 실상을 누구나 쉽게 찾아볼 수 있게 하였다.

(3) 본서는 <地理>교과서의 특성상 삽화, 그래프, 사진 등등 각종 이미지자료의 복원에도 심혈을 기울였다. 오래되어 구분이 어려운 수많은 이미지자료를 세심히 관찰하여 최대한 알아보기 쉽게 복원하였을 뿐만 아니라, 세로쓰기인 원문을 좌로 90°로 회전한 가로쓰기 편제이므로 원문내용을 고려하여 최대한 삽화의 배치에도 심혈을 기울였다.

(4) 본서는 일제강점기 식민지 <地理>교과서의 흐름과 변용 과정을 파악함으로써, 일제에 의해 기획되고 추진되었던 근대 한국 공교육의 실태와 지배국 중심적 논리에 대한 실증적인 자료로

제시할 수 있다.

(5) 본서는 <地理>교과서에 수록된 내용을 통하여 한국 근대초기 교육의 실상은 물론, 단절과 왜곡을 거듭하였던 한국근대사의 일부를 재정립할 수 있는 계기를 마련하였고, 관련연구에 대한 이정표를 제시함으로써 다각적인 학제적 접근을 용이하게 하였다.

(6) 본서는 그간 한국사회가 지녀왔던 문화적 한계의 극복과, 나아가 한국학 연구의 지평을 넓히는데 일조할 것이며, 일제강점기 한국 초등교육의 거세된 정체성을 재건하는데 기여할 수 있을 것이다.

본서는 개화기 통감부기 일제강점기로 이어지는 한국역사의 흐름 속에서 한국 근대교육의 실체는 물론이려니와, 일제에 의해 왜곡된 갖가지 논리에 대응하는 실증적인 자료를 제공함으로써 일제강점기 왜곡된 교육의 실체를 파악할 수 있으며, 또한 관련연구자들에게는 연구의 기반을 구축하였다고 자부하는 바이다.

이로써 그간 단절과 왜곡을 거듭하였던 한국근대사의 일부를 복원·재정립할 수 있는 논증적 자료로서의 가치창출과, 일제에 의해 강제된 근대 한국 초등학교 <地理>교육에 대한 실상을 재조명할 수 있음은 물론, 한국학의 지평을 확장하는데 크게 기여할 수 있으리라고 본다.

2017년 2월

전남대학교 일어일문학과 김순전

≪朝鮮總督府編纂『初等地理書』(1940~1941) 編書 凡例≫

1. 卷一은 5학년용, 卷二는 6학년용으로 한다.

2. 원본의 세로쓰기를 편의상 좌로 90도 회전하여 가로쓰기로 한다.

3. 원본의 상란은 좌란으로 한다.

4. 원본의 반복첨자 기호는 가로쓰기인 관계로 반복표기 한다.

5. 한자의 독음은 (　)안에 가나로 표기한다.

6. 삽화는 최대한 교과서 체제에 맞추었으나 편집상 약간의 크기

　변화가 있다.

7. 삽화제목은 가로쓰기에 맞추어 좌측읽기로 바꾸었다.

朝鮮總督府編纂 (1940)

『初等地理』

(卷一)

初等地理 卷一

朝鮮總督府

目錄

第一　大日本帝國 ……………………………………………………………… 47

第二　朝鮮地方 ………………………………………………………………… 49

　甲　位置・面積・住民及び區分 …………………………………………… 49

　乙　地方誌 …………………………………………………………………… 51

　　一　北部朝鮮 ……………………………………………………………… 51

　　　(一)　區域 ……………………………………………………………… 51

　　　(二)　地形 ……………………………………………………………… 51

　　　(三)　氣候 ……………………………………………………………… 52

　　　(四)　產業 ……………………………………………………………… 53

　　　(五)　交通 ……………………………………………………………… 59

　　　(六)　商業 ……………………………………………………………… 60

　　　(七)　住民・都邑 ……………………………………………………… 60

　　二　中部朝鮮 ……………………………………………………………… 62

　　　(一)　區域 ……………………………………………………………… 62

　　　(二)　地形 ……………………………………………………………… 62

　　　(三)　氣候 ……………………………………………………………… 63

　　　(四)　產業 ……………………………………………………………… 64

　　　(五)　交通 ……………………………………………………………… 66

　　　(六)　住民・都邑 ……………………………………………………… 68

　　三　南部朝鮮 ……………………………………………………………… 68

　　　(一)　區域 ……………………………………………………………… 68

　　　(二)　地形 ……………………………………………………………… 68

　　　(三)　氣候 ……………………………………………………………… 69

　　　(四)　產業 ……………………………………………………………… 69

　　　(五)　交通 ……………………………………………………………… 73

　　　(六)　住民・都邑 ……………………………………………………… 74

　丙　總說 ……………………………………………………………………… 77

　　一　地形 …………………………………………………………………… 77

二 氣候 ……………………………………………… 77

三 産業 ……………………………………………… 78

四 交通 ……………………………………………… 81

五 商業 ……………………………………………… 82

第三 樺太地方 ………………………………………… 83

一 位置・區域 ……………………………………… 83

二 地形 ……………………………………………… 84

三 氣候・生物 ……………………………………… 85

四 産業・交通 ……………………………………… 86

五 住民・都邑 ……………………………………… 88

第四 北海道地方 ……………………………………… 89

一 位置・區域 ……………………………………… 89

二 地形 ……………………………………………… 89

三 氣候 ……………………………………………… 90

四 産業 ……………………………………………… 91

五 交通 ……………………………………………… 96

六 住民・都邑 ……………………………………… 96

七 千島列島 ………………………………………… 98

第五 奧羽地方 ………………………………………… 99

一 位置・區域 ……………………………………… 99

二 地形 ……………………………………………… 99

三 氣候 ……………………………………………… 102

四 産業 ……………………………………………… 102

五 交通 ……………………………………………… 105

六 住民・都邑 ……………………………………… 107

第六 關東地方 ………………………………………… 109

一 位置・區域 ……………………………………… 109

二 地形 ……………………………………………… 109

三 氣候 ……………………………………………… 112

四 産業 ……………………………………………… 112

五 交通 ……………………………………………… 117

六 住民・都邑 ……………………………………… 121

　　　　七　伊豆七島・小笠原諸島 ……………………………… 125
第七　中部地方 ………………………………………………… 126
　　　　一　位置・區域 …………………………………………… 126
　　　　二　地形 …………………………………………………… 126
　　　　三　氣候 …………………………………………………… 131
　　　　四　產業 …………………………………………………… 132
　　　　五　交通 …………………………………………………… 139
　　　　六　住民・都邑 …………………………………………… 140
第八　近畿地方 ………………………………………………… 143
　　　　一　位置・區域 …………………………………………… 143
　　　　二　地形 …………………………………………………… 143
　　　　三　氣候 …………………………………………………… 148
　　　　四　產業 …………………………………………………… 148
　　　　五　交通 …………………………………………………… 153
　　　　六　住民・都邑 …………………………………………… 154
第九　中國及び四國地方 ……………………………………… 160
　　　　一　位置・區域 …………………………………………… 160
　　　　二　地形 …………………………………………………… 160
　　　　三　氣候 …………………………………………………… 163
　　　　四　產業 …………………………………………………… 164
　　　　五　交通 …………………………………………………… 167
　　　　六　住民・都邑 …………………………………………… 168

挿繪目錄

第一　大日本帝國
　　　面積の比較 …………………………………………………… 47
第二　朝鮮地方
　　　朝鮮の位置 …………………………………………………… 49
　　　朝鮮地方の地形の略圖と斷面圖 ………………………… 50
　　　白頭山頂の湖(天池) ……………………………………… 51
　　　中江鎭の氣候圖 …………………………………………… 52

燕麥の生産分布圖 ……………………………… 53

大豆の生産分布圖 ……………………………… 53

在來棉の生産分布圖 …………………………… 53

粟の生産分布圖 ………………………………… 54

馬鈴薯の生産分布圖 …………………………… 54

北鮮の緬羊放牧 ………………………………… 54

鴨綠江上流の筏流し …………………………… 55

城津貯木所全景 ………………………………… 55

めんたい漁獲分布圖 …………………………… 56

廣梁灣の塩田 …………………………………… 56

鎭南浦製鍊所 …………………………………… 57

興南窒素工場の內部 …………………………… 57

北鮮地方の一大水力發電所 …………………… 58

長津江の貯水池 ………………………………… 59

平壤の牡丹臺と大同江 ………………………… 60

新義州の製紙工場 ……………………………… 61

金剛山一帶の地形 ……………………………… 62

金剛山 …………………………………………… 63

京城・平壤・大邱の氣候圖 …………………… 63

兼二浦の製鐵所 ………………………………… 64

ぐちの漁獲分布圖 ……………………………… 65

永登浦の皮革工場 ……………………………… 65

朝鮮總督府前通り ……………………………… 66

仁川の閘門 ……………………………………… 67

東津水利組合の雲岩貯水池 …………………… 69

群山の米の移出と浮ドツク …………………… 70

木浦港の綿の積出 ……………………………… 71

甘藷の生産分布圖 ……………………………… 71

陸地棉の生産分布圖 …………………………… 71

我が國の麥の産額の比較 ……………………… 72

にしんの漁獲分布圖 …………………………… 72

たひ漁獲分布圖 ………………………………… 72

關釜連絡船(興安丸) ……………………………… 73

大邱の大市 ………………………………………… 74

釜山港の棧橋に於ける船車の連絡 ……………… 75

米の產額增減表 …………………………………… 78

米の生產分布圖 …………………………………… 78

棉の產額增減表 …………………………………… 79

繭の產額增加表 …………………………………… 79

我が國の金の產額の比較 ………………………… 80

塩の產額の比較 …………………………………… 80

貿易額の增減表 …………………………………… 82

第三　樺太地方

樺太の位置 ………………………………………… 83

我が國とロシヤの國境及び境界標 ……………… 83

樺太地方の地形の略圖と斷面圖 ………………… 84

幌內平野の濕地 …………………………………… 85

海豹島のおつとせい ……………………………… 85

からまつの林 ……………………………………… 86

豐原のパルプ工場 ………………………………… 87

碎氷船と氷上の荷役 ……………………………… 87

第四　北海道地方

北海道の位置 ……………………………………… 89

北海道本島の地形の略圖と斷面圖 ……………… 90

森林を伐開いて開墾してゐる所 ………………… 91

札幌附近の牧場 …………………………………… 92

バタ製造所 ………………………………………… 92

石狩炭田 …………………………………………… 93

北海道地方の主な水產物の產額の比較 ………… 94

北海道に於けるにしんの陸揚げ ………………… 94

苫小牧の製紙工場 ………………………………… 95

製麻工場 …………………………………………… 95

北海道の主要列車線圖 …………………………… 96

小樽港 ……………………………………………… 97

　　　　　札幌 ……………………………………………… 97
　　第五　奥羽地方
　　　　　奥羽地方の位置 ……………………………………… 99
　　　　　奥羽地方の地形の略圖と斷面圖 …………………… 100
　　　　　松島 ……………………………………………… 101
　　　　　馬鈴薯の生產分布圖 ………………………………… 102
　　　　　苹果の生產分布圖 …………………………………… 103
　　　　　馬の頭數の比較 ……………………………………… 104
　　　　　能代港の製材所 ……………………………………… 104
　　　　　土崎港の製油所 ……………………………………… 105
　　　　　奥羽地方の縱の主要列車線圖 ……………………… 106
　　　　　雪よけトンネル ……………………………………… 107
　　第六　關東地方
　　　　　關東地方の位置 ……………………………………… 109
　　　　　關東地方の地形の略圖と斷面圖 …………………… 110
　　　　　中禪寺湖と華嚴瀧 …………………………………… 111
　　　　　箱根山 …………………………………………… 111
　　　　　米の產額の比較 ……………………………………… 112
　　　　　麥の產額分布圖 ……………………………………… 113
　　　　　甘藷の生產分布圖 …………………………………… 114
　　　　　日淸製粉工場 ………………………………………… 115
　　　　　日立鑛山 ………………………………………… 115
　　　　　東京及びその附近に於ける工場の分布圖 ………… 116
　　　　　東京の地下鐵道 ……………………………………… 117
　　　　　東京驛 …………………………………………… 118
　　　　　碓氷峠の鐵道 …………………………………………… 119
　　　　　羽田の飛行場 ………………………………………… 120
　　　　　橫濱港の繫船岸(生絲の積出し) …………………… 120
　　　　　宮城 ……………………………………………… 121
　　　　　東京市街 ………………………………………… 122
　　　　　靖國神社 ………………………………………… 122
　　　　　橫濱港 …………………………………………… 123

　　　　横濱港の貿易 ……………………………… 124
　　　　日光の東照宮 ……………………………… 124
　第七　中部地方
　　　　中部地方の位置 …………………………… 126
　　　　中部地方の地形の略圖と斷面圖 ………… 127
　　　　槍岳の雪谿と頂上 ………………………… 128
　　　　白馬岳 ……………………………………… 128
　　　　黑部川 ……………………………………… 130
　　　　高田の積雪とそり人力 ………………… 132
　　　　淸水港に於ける茶の積出し ……………… 133
　　　　茶の產額の比較 ………………………… 133
　　　　桑畑の分布圖 ………………………………… 134
　　　　木曾森林と森林鐵道 ………………………… 135
　　　　新潟縣の油田 …………………………… 135
　　　　油田の斷面圖 ……………………………… 136
　　　　岡谷の製絲工場 ……………………………… 136
　　　　繭の產額の比較 ………………………… 137
　　　　生絲の產額の比較 ……………………… 137
　　　　名古屋の製陶工場 …………………………… 138
　　　　綿織物の產額の比較 …………………… 138
　　　　大井川の鐵橋と昔の渡し ………………… 140
　　　　名古屋城 ……………………………………… 141
　　　　甲府附近にある葡萄園 ………………… 142
　第八　近畿地方
　　　　近畿地方の位置 …………………………… 143
　　　　近畿地方の地形の略圖と斷面圖 ………… 144
　　　　天橋立 ……………………………………… 145
　　　　吉野山の櫻 ………………………………… 145
　　　　琵琶湖と大津 ……………………………… 146
　　　　鳴戸海峽と潮流 …………………………… 147
　　　　有田川沿岸の蜜柑山 ………………… 148
　　　　紀川上流の筏流し ……………………… 149

大阪北東部の工場地帯 ……………………… 149

大阪灣沿岸に於ける工場の分布 …………… 150

京都附近にある絹織物工場の內部 ………… 150

大阪にある紡織工場の內部 ………………… 151

大津の人造絹絲工場 ………………………… 151

綿絲の產額比較 ……………………………… 152

同 ……………………………………………… 152

綿織物の產額の比較 ………………………… 152

神戶港の全景 ………………………………… 153

平安神宮 ……………………………………… 154

桃山御陵 ……………………………………… 155

猿澤池のほとり ……………………………… 156

橿原神宮 ……………………………………… 156

大阪の市街 …………………………………… 157

淀川の下流 …………………………………… 157

皇大神宮 ……………………………………… 158

神戶港輸出入比較圖 ………………………… 158

湊川神社 ……………………………………… 159

第九　中國及び四國地方

中國及び四國地方の位置 …………………… 160

中國及び四國地方の地形の略圖と斷面圖 … 161

瀨戶內海 ……………………………………… 162

高知・多度津・岡山・境の氣候圖 ………… 163

中國地方の牧牛 ……………………………… 164

牛の頭數の比較 ……………………………… 165

香川縣の塩田 ………………………………… 165

瀨戶內海沿岸地方の塩の產額比較 ………… 166

下關海峽の貨車航送船 ……………………… 167

関釜連絡船 …………………………………… 168

嚴島神社 ……………………………………… 169

『初等地理』　巻一

第一　大日本帝國

我が大日本帝國は、アジヤ洲の東部にあつて、日本列島と朝鮮半島から成立つてゐる。このほかに關東州(くわんとうしう)と、世界大戰の結果我が國が統治(とうぢ)してゐる南洋群島(ぐんたう)がある。

日本列島は、大小あまたの島々が數個の弓形(ゆみがた)をなして、北東から南西へ連(つら)なり、長さがおよそ五千キロメートルある。その内側(うちがは)には、オホーツク海・日本海・黄海・東支那海等があつて、これらの海をへだててシベリヤ・滿洲及び支那がある。外側(そとがは)は太平洋に面し、遠くアメリカ大陸と向かひあつてゐる。

我が國の領土

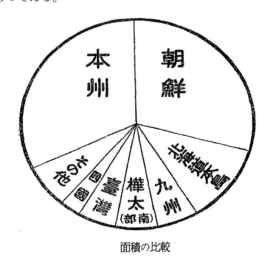

面積の比較

	千島(ちしま)列島の北端(ほくたん)は、我が國最北の地で、千島海峽(かいけふ)によつて、ソビエト聯邦領(れんぱうりやう)カムチヤツカ半島と向かひあつてゐる。また南洋群島は赤道に接し、新南(しんなん)群島は臺灣島のはるか南にあつて佛領印度支那に隣接(りんせつ)してゐる。
	朝鮮半島は、鴨綠江・豆滿江等によつて大陸と境(さかひ)してゐる。
面積	我が國の總面積は、およそ六十七萬平方キロメートルで、本州・朝鮮・北海道本島・九州・樺太(からふと)(南部)・臺灣・四國等がその主な部分である。本州と朝鮮とは最も大きく、おのおの我が國の總面積のおよそ三分の一に當ってゐる。
國民	國民の總數は、およそ一億(おく)である。
區分	本州・四國・九州を三府四十三縣に分け、府には府廳(ちやう)、縣には縣廳をおいてある。また北海道には北海道廳、樺太には樺太廳、朝鮮・臺灣には總督府、關東州には關東州廳、南洋群島には南洋廳をおいてある。
	今、便宜(べんぎ)のため全國を朝鮮・樺太・北海道・奧羽・關東・中部・近畿・中國及び四國・九州・臺灣・南洋群島・關東州の十二地方に分ける。

第二　朝鮮地方

甲　位置・面積・住民及び區分

朝鮮地方は、日本海と黄海との間に、北から南に向かつてつき出た半島で、長さか約一千キロメートルある。北は鴨緑江・豆滿江及び白頭(はくとう)山で、滿洲とシベリヤに境し、南は朝鮮海峽(かいけふ)をへだてて九州地方と向かひあひ、内地と大陸をつなぐ重要な位置に位(くらゐ)してゐる。面積は、二十二萬餘平方キロメートルで、我が國の總面積のおよそ三分の一に當り、住民の總數は、二千二百萬餘で、我が總人口の約四分の一に當る。政治の上からは十三道に分けてゐるが、地理を學ぶ便宜から北部朝鮮・中部朝鮮及び南部朝鮮の三つに分ける。

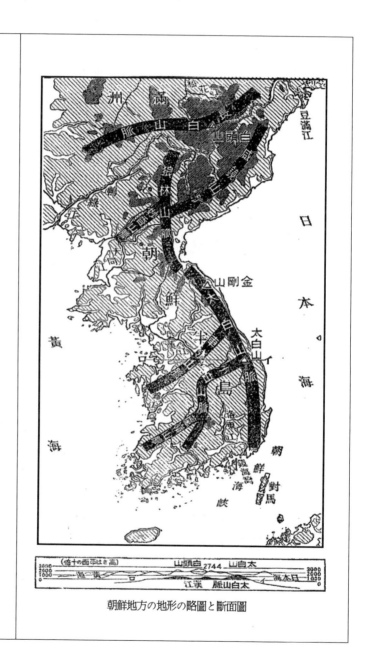

朝鮮地方の地形の略圖と斷面圖

乙　地方誌(し)

一　北部朝鮮

白頭山頂の湖(天池:てんち)

(一) 區域(くゐき)

北部朝鮮とは咸鏡(かんきやう)北道・咸鏡南道・平安北道・平安南道の四道をいふ。東部の二道を北鮮、西部の二道を西鮮といふこともある。

(二) 地形

一般に山地が多く、ことに東部は廣い高原になつてゐる。長白山脈は國境(こくきやう)の近くを東西に連なつてゐる。白頭山はこの山脈中に聳(そび)えてゐる火山で、高さが二千七百四十四メートルあつて頂上(ちやうじやう)に湖(みづうみ)がある。鴨綠(おふりよく)江と豆滿江は源(みなもと)をこの山地から發して東と西に流れてゐる。鴨綠江は長さがおよそ八百キロメートルで、我が

國第一の長流である。狼林(らうりん)山脈は、ほゞこの地方の中央(ちゆうあう)を北から南へ走つてゐる。この山脈の東は高原がつゞき、日本海に至つて急に海に傾(かたむ)いてゐるので、平野に乏(とぼ)しいが、西は妙香(めうかう)山脈等が黄海の方へゆるやかに傾き、大同(だいとう)江・淸川(せいせん)江が流れてゐるので、流域(りうゐき)に平野が開けてゐる。

　日本海沿岸は出入が少く、海は急に深い。黄海沿岸は出入が多く、海が淺くて干潟(ひがた)が廣い。

（三）氣候

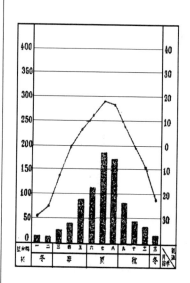

中江鎭の氣候圖
（昭和十一年）

　北部に位し大陸に近いために、寒暑の差がはなはだしく、雨量が一般に少い。

　冬はシベリヤから吹いて來るつめたい風のために、氣溫(きをん)は著(いちじる)しくくだる。

　夏は日本海沿岸は寒流のため霧(きり)のかゝることが多く、氣溫は割合にのぼらない。

（四）産業

農業・牧畜業

燕麥の生産分布圖
（昭和九年）

　主に粟・大豆・とうもろこし等を産する。ことに北鮮には馬鈴薯（じやがいも）・燕麥（えんばく）・西鮮には在來棉（ざいらいめん）が多い。また一般に牛・緬羊（めんやう）の飼養（しやう）が盛で、養蠶（やうさん）も行はれてゐる。

林業・鑛業

在來棉の生産分布圖
（昭和九年）

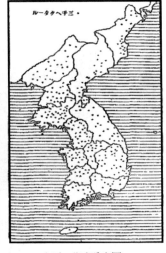

大豆の生産分布圖
（昭和九年）

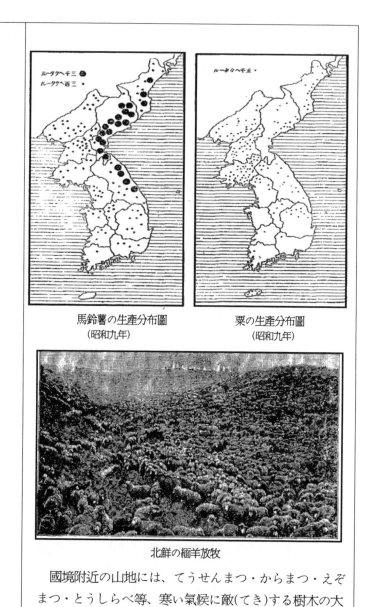

馬鈴薯の生產分布圖
(昭和九年)

粟の生產分布圖
(昭和九年)

北鮮の緬羊放牧

國境附近の山地には、てうせんまつ・からまつ・えぞ
まつ・とうしらべ等、寒い氣候に敵(てき)する樹木の大

森林があつて木材の産出がはなはだ多い。營林署(えいりんしよ)が伐採し、その一部は筏(いかだ)に組んで鴨綠江を流して新義州に集り、一部は吉惠線(きつけいせん)によつて吉州(きつしう)や城津地方に運(はこ)ばれる。新義州には製材所やパルプ工場がある。また吉州にもパルプ工場がある。

鴨綠江上流の筏流し

城津貯木所全景

鑛業(くわうげふ)は盛で、中でも雲山(うんざん)の金と
平壤附近の無煙炭、及び北鮮の石炭や鐵が有名である。

廣梁灣の塩田

水産業

めんたい漁獲分布圖
(昭和九年)

日本海沿岸のい
わしの漁獲(ぎょ
くわく)は我が國
第一で、魚油の製
造も盛である。ま
た新浦(しんぽ)附
近はめんたいが多
くとれる。廣梁灣
(くわうりやうわ
ん)は天日製塩(て
んびせいえん)で
名高い。

鎭南浦製錬所

興南窒素工場の內部

工業	北鮮は石炭・鐵を始め、いろいろの工業原料が多く、また長津(ちやうしん)江や赴戰(ふせん)江その他に大きな水力發電所が設(もう)けられたため、各種の工業が盛になつて來た。ことに興南(こうなん)の窒素肥料(ちつそひれう)製造は名高く、また城津(じやうしん)には高周波(かうしうは)に依る製錬(せいれん)やマグネサイト工業、淸津(せいしん)には製鐵、永安(えいあん)・阿吾地(あごち)には石炭液化等の工業が興(おこ)つて來た。西鮮では鎭南浦(ちんなんぽ)の金の製錬を始め、平壤附近に種々の工業が行はれてゐる。

北鮮地方の一大水力發電所
一

長津江の貯水池

（五）交通

陸上の交通

　鐵道は京義本線が京城から平壤を經て新義州に通じ、滿洲の安奉(あんぽう)線につづいてゐる。又京元本線は京城から元山に至り、咸鏡本線は元山から咸興(かんこう)を經(へ)て輪城(ゆじやう)に至つてゐる。この鐵道は更に國境地方を廻つてゐる北鮮線に續き、國境の上三奉(かみさんぽう)と南陽(なんやう)では、滿洲の鐵道と接續(せつぞく)してゐる。北鮮線は滿鐵が朝鮮總督府から委任(ゐにん)を受けて經營(けいえい)してゐる鐵道である。滿浦(まんぽ)線は平壤から滿浦鎭(まんぽちん)に至り滿洲の鐵道に連絡してゐる。

海上の交通

　海上には、沿岸航路のほか雄基(ゆうき)・羅津・淸津・元山の諸港から敦賀(つるが)・伏木(ふしき)・新潟(にひがた)・ウラジボストツク等に、また鎭南浦から大

北鮮

連(だいれん)に至る航路(かうろ)がある。雄基・羅津は北鮮線に依つて滿洲に通じ、內・鮮・滿連絡の近道(ちかみち)に當つてゐる。

(六) 商業

國境貿易は、東は南陽と上三峯で、西は新義州で行はれ、海上貿易は、東は雄基・羅津・淸津(せいしん)・城津・元山で、西は龍岩浦(りゆうがんぼ)・鎭南浦の諸港で行はれる。

(七) 住民・都邑

北鮮は一般に山地が多く、人口の密度(みつど)は朝鮮で最も小である。都邑は沿岸地方に多い。

元山は永興灣(えいこうわん)に臨み、水陸交通の便がよく、貿易が盛である。咸興には咸鏡南道廳があり、近くに有名な興南の工業地がある。

平壤の牡丹臺(ぼたんだい)と大同江

西鮮

羅南は咸鏡北道廳の所在地で、第十九師團司令部があり、會寧は豆滿江に臨み、羅南と共に國境防備の主要な所である。羅津は天然の良港で、内鮮滿連絡の近道に當り近年急速に發達してゐる所である。

平壤は北部朝鮮第一の都會で人口二十萬餘、大同江に臨み、鐵道の便もよく、また旅客機(りよきやくき)の發着(はつちやく)場もある。平安南道廳・平壤覆審法院(ふくしんはうゐん)をはじめ諸官衙(しよくわんが)・學校等がある。こゝはまた高麗(こま)の舊都(きうと)で古蹟(こせき)が多い。

新義州の製紙工場

鎭南浦は平壤の門戸(もんこ)として發達したところである。

新義州は鴨緑江の下流にあつて、水陸交通の要地に當り平安北道廳がある。また川口に近い多獅島(たしたう)は良港である。義州・滿浦鎭・惠山鎭(けいざんちん)は國境(こくきやう)の名邑である。

二　中部朝鮮

(一) 區域

中部朝鮮とは江原(かうげん)道・黄海(くわうかい)道・京畿(けいき)道の三道をいふ。

(二) 地形

太白(たいはく)山脈が東にかたよつて南北に走り、日本海方面と黄海方面との分水嶺(ぶんすゐれい)をなしてゐる。從つて日本海方面は傾斜(けいしや)が急で、平野は極(きわ)めて少いが、黄海方面は傾斜が緩(ゆる)やかで、漢江(かんかう)や臨津(りんしん)江・禮成(れいせい)江等の大きな川があつて、その沿岸にある平野の灌漑(くわんがい)に利用せられてゐる。太白山脈中には太白山や金剛(こんがう)山がある。金剛山には萬物相(ぼんぶつさう)・九龍淵(きうりゆうえん)等の景色のよい所や、溫井里(をんせいり)の溫泉があるので遊覽(いうらん)地として有名である。

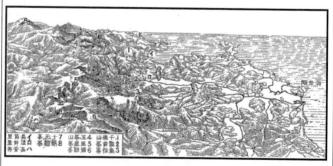

金剛山一帶の地形

金 剛 山

　日本海沿岸は出入が極めて少く、海は急に深い。黄海沿岸は灣や島が多く、海は淺く潮の滿干(みちひ)の差がおよそ九メートルもあつて廣い干潟ができる。

(三) 氣候

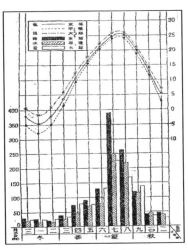

京城・平壤・大邱の氣候圖
(昭和十一年)

　北部朝鮮にくらべると溫和である。寒暑の差は、內陸地方はやゝ著しいが、海岸地方はさほどでない。冬は氣溫が相當(さうたう)にくだり、漢江も凍(こほ)る。

（四）產業

農業・牧畜業

　米は京畿道に、小麥は黄海道に、大豆は京畿・黄海二道に、また煙草(たばこ)は江原・黄海の二道に多く產する。人蔘(にんじん)は開城(かいじやう)附近に栽培(さいばい)され、開城には官營(くわんえい)の紅蔘(こうさん)製造所がある。また養蠶と、牛の飼養が盛である。

兼二浦の製鐵所

鑛業

　北西部の甕津(おうしん)と遂安(すゐあん)は金、載寧(さいねい)と殷栗(いんりつ)は鐵、谷山(こくざん)はタングステンを產する。鐵鑛は、大同江に沿ふ兼二浦(けんじほ)で製鐵されるが、一部は八幡(やはた)の製鐵所へ送られる。

水產業

　日本海沿岸は漁業が盛で、いわし・めんたい等の漁獲が多く、黄海ではぐちが名高く、延坪(えんぺい)島はその中心地である。また黄海沿岸の朱安等では天日製塩が行はれてゐる。

ぐちの漁獲分布圖
(昭和九年)

永登浦の皮革工場

工業　　　京城・仁川附近は近年工業地帯として各種の工業が勃
　　　　興(ぼつこう)し、皮革(ひかく)・紡績(ばうせき)・染色(せ

んしよく）・ビール・製粉（せいふん）・機械（きかい）等の工業が盛である。

（五）交通

陸上の交通
　朝鮮の三大幹線（かんせん）である京釜・京義・京元の各線は、京城を中心として各地に通じ、京慶（けいけい）線も近く全通する豫定（よてい）である。また京城より仁川や春川（しゆんせん）に至る鐵道もある。

海上の交通
　日本海沿岸は、交通がまだ開けてゐないが、黄海沿岸は仁川を中心として、内外の諸港と航路が通じ船舶（せんばく）の出入が多い。

（六）住民・都邑

朝鮮總督府前通り

　黄海方面の平野は農業が盛で、交通も便利であるから大きな都邑が多い。

　京城は京城盆地を中心として發達した都會で南部には漢江が流れてゐる。人口はおよそ七十五萬、我が國屈指（くつし）の大都會で、市の中央にある南山の中腹には朝鮮神宮がある。また朝鮮總督府・朝鮮軍司令部・高等法院・朝鮮銀行等、政治上・經濟上、朝鮮に於ける中央機關は皆こゝに集つてゐる。その他、京城帝國大學を始め、博物館・圖書館等があつて學術の中心地をなして居る。南岸の低（てい）地は工業地帶（ちたい）をなし、あまたの工場が立ち並んでゐる。

仁川の閘門

　仁川は朝鮮第二の開港場で、京城の門戸である。港内は水が淺く、潮の滿干の差がはなはだしいので、閘門（かふもん）を設けて船の出入が出來るやうにしてある。

開城は高麗(かうらい)の舊都で、水原(すゐげん)には、農事試驗場及び高等農林學校がある。春川は江原道廳、海州は黃海道廳の所在地で、鐵原(てつげん)・沙里院(しやりゐん)は地方の都邑である。

三　南部朝鮮

(一) 區域

南部朝鮮とは忠淸(ちゆうせい)北道・忠淸南道・全羅(ぜんら)北道・全羅南道・慶尙(けいしやう)北道・慶尙南道の六道をいふ。

(二) 地形

東部は山地が多く、西部及び南部は傾斜(けいしや)がゆるやかで大きな川が多く、平野に富んでゐる。太白山脈は日本海沿岸を南北に走り、これから分れた小白(せうはく)山脈は、蘆嶺(ろれい)・車嶺(しやれい)の二山脈と平行して、南西に走つてゐる。洛東(らくとう)江・蟾津(せんしん)江は朝鮮海峽に、錦(きん)江・榮山(えいざん)江は黃海に注(そゝ)いでゐる。

黃海方面と朝鮮海峽方面は、海岸線の出入がはなはだしく、鎭海(ちんかい)灣・釜山(ふざん)灣等がある。また島も多いので、多島海と呼ばれてゐる所もある。濟州(さいしう)島は、朝鮮地方第一の大きな島で、中央に高い漢拏(かんな)山がある。日本海岸は、迎日(げいにち)灣のほか出入が極めて少い。東方の海上に鬱陵(うつりよう)島がある。

(三) 氣候

　南部に位しその上暖流(だんりう)の影響もあつて、中部朝鮮にくらべると一層溫和であるが、內陸はやはり寒暑の差が多い。雨は夏に多く、水害になやまされることも少くない。また多島海の西部では霧のかゝることが多い。

(四) 產業

東津水利組合の雲岩貯水池

農業・牧畜業

　平地が多いのと、氣候が暖かなので、農業は北部朝鮮や中部朝鮮に比(くら)べると大いに發達してゐる。西部地方は米や麥の產額が多い。ことに、近年は水利(すゐり)事業をおこして灌漑(くわんがい)をよくし、また黃海沿岸の干潟(ひがた)を水田になほして、米の產額の增加をはかつてゐる。米は主として群山から內地へ移出(いしゆつ)せられる。榮山江の流域では陸地棉(りくちめん)を栽培し、木浦から內地へ移出す

る。また濟州島では、甘藷(かんしよ)が多くとれる。洛東江の流域には、米・麥のほか棉や甘藷を多く栽培してゐる。

群山の米の移出と浮ドツク

また養蠶業が盛で、慶尙北道の繭の産額は朝鮮地方第一で、牛の飼養も盛である。これらの諸地方では、稻を刈取(かりと)つた後の水田をも利用して麥を作り、その産額は非常に多く、中でも全羅南道は我が國第一位である。

木浦港の綿の積出

陸地棉の生産分布圖
（昭和九年）

甘藷の生産分布圖
（昭和九年）

| 水產業 | 朝鮮海峽及びその附近には、暖流と寒流(かんりう)が流れてゐるので、いわし・さば・にしん・たひ・さはら・たら等の魚類に富み、漁業が盛で、慶尚南道は漁獲高が朝鮮地方の總產額の約五分の一を占め釜山はその集散地である。全羅南道はこれに次(つ)いで多い。また南部の海岸一帶には、のりの養殖(やうしよく)が盛に行はれてゐる。 |

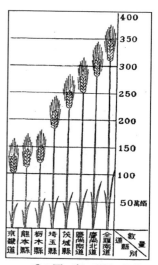

我が國の麥の產額の比較
(昭和九年)
總產額約六千六百二十萬鞐

にしんの漁獲分布圖
(昭和九年)

たひ漁獲分布圖
(昭和九年)

(五) 交通

關釜連絡船(興安丸)

陸上の交通

　京釜本線は京城から秋風嶺(しうふうれい)を越え、大邱(たいきう)を經て釜山に達し、關釜連絡船(くわんぷれんらくせん)によつておよそ七時間半で下關に至り、山陽本線と連絡してゐる。また釜山から日本海岸に沿うて走る東海南部線と、慶州でこれと連絡して京城へ向かふ京慶(けいけい)線の一部も通じてゐる。湖南(こなん)本線は大田(たいでん)で京釜本線から分れ、西部地方をつらぬいて木浦(もつぽ)に達してゐる。途中裡里(りり)から分かれる全羅線は、全州や順天(じゆんてん)を經て麗水(れいすい)に至り、關麗(くわんれい)連絡船によつて、下關(しものせき)に達する事が出來る。

海上の交通

　日本海沿岸には良港はないが、黄海及び朝鮮海峽の沿岸には良港が多く、釜山・麗水・木浦・群(ぐん)山等は、近海航路の中心地である。釜山は、內地との交通が極めてひんぱんである。

西部

(六) 住民・都邑

西部平野は、地形も氣候も產業の發達に適し、水陸の交通も便利なので、人口の密度は朝鮮で最も大である。したがつていたる所に大小の都邑がある。錦(きん)江の上流には、淸州(せいしう)と大田がある。淸州は忠淸北道廳の所在地、大田は湖南本線が出來てから發達した都邑で、忠淸南道廳の所在地である。中流にある公州(こうしう)と扶餘(ふよ)は共に百濟(くだら)の舊都で、扶餘には扶餘神宮が御造營(ござうえい)中である。忠州(ちゅうしう)は漢江の上流の要地である。全羅北道には大きな平野があり、その中心にある全州は道廳の所在地、裡里は交通の要地である。群山は錦江の川口にあつて、この流域や全羅北道の平野の門戶となつてゐる。榮山江の上流の光州(くわうしう)は、全羅南道廳の所在地で、川口の木浦は、この流域の門戶である。

大邱の大市

洛東江の流域	大邱は、洛東江の中流にある盆地(ぼんち)の中心地である。人口十餘萬、慶尙北道廳や大邱覆審法院等があり、農産物の集散が多く、その大市は名高い。また旅客機の發着場がある。大邱の北西にある金泉(きんせん)は、秋風嶺の麓の要地で、上流の安東(あんとう)と共に穀類(こくるゐ)の集散地である。

釜山港の棧橋に於ける船車の連絡

東海岸	東海岸地方は平地に乏しいが、海岸に浦項(ほこう)と蔚山(うるさん)があり、附近に慶州(けいしう)がある。蔚山に近い長生浦(ちやうせいほ)は捕鯨(ほげい)の根據地(こんきよち)である。慶州は新羅(しらぎ)の舊都で、瞻星臺(せんせいだい)や佛國寺(ぶつこくじ)等の遺蹟(ゐせき)が多い。
南海岸	南海岸地方はよく開けてゐて、釜山・馬山・鎭海・晋州(しんしう)・麗水等がある。釜山は人口およそ二十萬、慶尙南道廳の所在地で、內地との交通の要所に當り、貿易の盛なことは朝鮮地方第一で、米・海産物・生

絲・繰綿(くりわた)・大豆・牛等を移出し、綿織物(めんおりもの)・石油・線絲・人造絹織物(じんざうきぬおりもの)・諸雑貨(ざつくわ)等を移入する。近年工業も盛になつて來た。附近の東萊(とうらい)と海雲臺(かいうんだい)は、溫泉で有名である。鎭海は海軍の要港で、馬山・晋州は地方の都邑である。また統營(とうえい)・三千浦(さんぜんぽ)は漁港である。

丙　總説

一　地形

　朝鮮地方は一般(いつぱん)に山地が多く、平地は總面積の二割餘に過ぎない。山地は、北に行くに從つて次第に多くて高い。國境には、長白山脈が東西に連(つら)なつてゐて、その主峯(しゆほう)の白頭山は、鴨綠江・豆滿江及び滿洲の松花(しようくわ)江の分水嶺(ぶんすゐれい)になつてゐる。太白山脈は、日本海方面と黃海方面との分水嶺で、小白山脈は、黃海方面と朝鮮海峽方面との分水嶺となつてゐる。太白山脈が東にかたよつてゐるため、日本海方面は傾斜が急で、大きな川も平地もない。しかし、黃海方面と朝鮮海峽方面は傾斜がゆるやかで大きな川はこの方面に多く、川に沿うて所所に平野がある。

　日本海方面の海岸は、出入に乏しく島も少いが、黃海方面と朝鮮海峽方面の海岸は、出入がはなはだ多く、良港灣に富み島も多い。また、東海岸は潮の滿干の差が少いが、西海岸はその差がはなはだしい。

二　氣候

　晝と夜、夏と冬の氣溫の變り方がはげしい。一年の中、冬の寒さの時期が最も長く、それに次いで夏の暑い時期が割合に長い。春や秋の溫和な時期ははなはだ短い。

　冬は、シベリヤ方面から吹いて來るつめたい風のために、寒さがはげしくなり、中部以北の川にはあつい氷が張つて、其の上を車馬の交通が出來るやうになる。しかし、三寒四溫といつて、寒暖が代る代る來るので、割合

にしのぎ易い。雪は一般に少いが、日本海岸と湖南地方は比較的多い。雨も內地に比べて少いが、その半分以上は夏季にふるので、しばしば水害(すゐがい)が起る。

三　産業

農業・
牧畜業

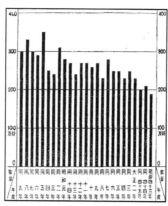

米の産額増減表

米の生産分布圖
(昭和九年)

　朝鮮地方は一般に雨量が少い上に、昔は樹木の保護が行届(ゆきとゞ)かなかつたので、森林が少く、山地の大部分は荒れはて、平地も灌漑の便に乏しく、原野が多く耕地が割合に少かつた。しかし夏は氣溫が高く地味も概(おほむ)ね肥沃(ひよく)である上に近年砂防工事(しやばうこうじ)や植林(しよくりん)が行はれて、耕(かう)地が著しく廣まつたので、農産物が大いに増加して來た。農産物の最も主なものは米で、大豆・麥・粟・棉・人蔘がこれに次いでゐる。

米の年産額はおよそ三百萬キロリツトルで、その一部を
内地に移出する。また、繭の産額も年々増加し、牛・
豚・緬羊の飼養も盛である。

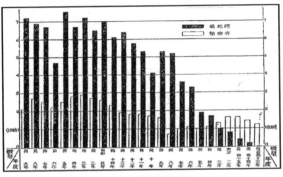

棉の産額増減表

林業　　　林業は、北部によく行はれてゐるが、南部はあまり振
るはない。總督府は各地に營林署(えいりんしよ)を置い
て、樹木の少い所や伐採(ばつさい)したあとに造林して
ゐる。

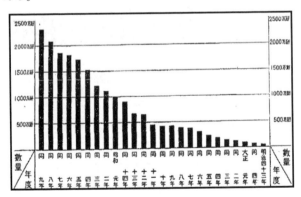

繭の産額増加表

	其他の地方	臺灣地方	奥羽地方	四國地方	北海道地方	關東地方	九州地方		その他	朝鮮地方	
						茨城縣	鹿兒島縣	大分縣		忠清南道	平安北道

我が國の金の産額の比較
總産額約二萬九千瓩(昭和九年)

鑛業

鑛産物は北部に多く、南部に少い。主なものは金で、これに次ぐのは鐵・石炭である。金はその産額が近年著しく増して來た。鐵鑛と無煙炭の一部は内地へ送り出される。近年マグネサイト・タングステン等の内地に乏しい有用鑛物も次々に産出するやうになつた。

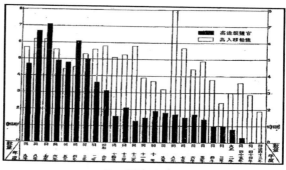

塩の産額の比較

水産業

水産業は半島の沿岸一帶によく行はれ、中でも北鮮の海岸が最も盛である。漁獲高の多いのは、いわし・さば・めんたい・ぐち・にしん等である。塩(しほ)は次第に製造高を増して來たが、工業の發達につれてその需要(じゆえう)が増加するので、なほ不足してゐる。

工業	工業は、これまで家内工業が主であつたが、近年各地に大規模(きぼ)の工場工業が興(おこ)つて來た。北鮮地方の水力發電所を始め、鴨綠江その他にも大發電所の計畫(けいくわく)が進められ、原料も多いので、滿洲・支那を控(ひか)へて朝鮮の工業は益益盛にならうとしてゐる。
	四　交通
陸上の交通	昔は極めて不便であつたが、近年著しく改善された。主要な道路は、京城から各道廳所在地をはじめ、その他の主な都邑に通じ、自動車の交通も便利になつた。鐵道では、京釜・京義の兩本線が半島を縦(たて)に貫(つら)ぬく最も重要な幹線(かんせん)である。また湖南本線は湖南地方を、京元・咸鏡の二線は北鮮地方を貫ぬいて、表(おもて)朝鮮及び裏(うら)朝鮮の各地と京城とを連絡してゐる。釜山・新義州間は、およそ九百五十キロメートルあるが、僅かに十數時間で達することができる。また滿洲との鐵道連絡は、西は新義州・滿浦鎮、東は上三峯(かみさんぼう)及び南陽で行はれてゐる。
海上の交通	朝鮮の近海は、春と夏の季節には霧が深く、冬季は風波が荒いので、海上の交通に困ることもあるが、釜山・木浦・群山・仁川・鎮南浦・元山・城津・淸津・羅津・雄基の諸港は、四季共に船の出入が多い。

空の交通	朝鮮の航空路は日・滿・支を連絡する重要な位置を占めてゐる。大邱・京城・平壤・新義州には旅客機の發着場があつて、南は內地の福岡に、北は大連・奉天・新京・北京等に通じてゐる。この外京城から淸津や光州に至るものもある。
通信	郵便・電信・電話は、京城を中心として各地に通じてゐる。また電話によつて內地・滿洲・中華民國・アメリカ合衆國とも通話ができる。放送局(はうそうきよく)は京城を始め各地に設けられてゐる。

五 商業

商業はまだ十分に發達してゐないので、市場を開いて取引(とりひき)してゐる所が多い。

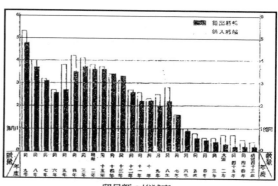

貿易額の增減表

貿易は主として、米・鑛產物・水產物・肥料・大豆・生絲・繰綿(くりわた)等を輸移出し、綿織物・鐵・肥料・諸機械・人造絹織物・粟等を輸移入する。輸移入額は、輸移出額よりも多い。貿易額は釜山が最も多く、仁川がそれに次いでゐる。

第三　樺太(からふと)地方

一　位置・區域

樺太地方とは樺太島の南半部をいふ。北は北緯(ほくゐ)五十度の線を以てソビエト聯邦領(れんぱうりやう)の樺太と境(さかひ)し、南は北海道本島との間に宗谷海峡(そうやかいけふ)をはさみ、西は間宮(まみや)海峡を隔(へだ)ててシベリヤと向かひあつてゐる。この地方は我が國の北のまもりとして大切なところである。

我が國とロシヤの國境及び境界標

二 地形

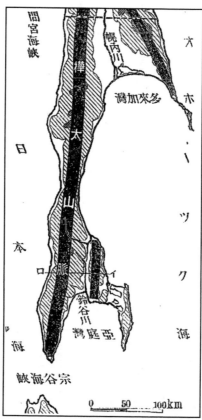

樺太地方の地形の略圖と斷面圖

地形は南北に細長く、西部には樺太山脈が北から南へ走り、東部には北にも南にも小山脈がある。平野はその間にはさまり、南部と北部とに分れてゐる。北部の平野は廣くて幌內(ほろない)川が流れてゐるが、大部分は濕(しつ)地や地下の凍(こほ)つた土地であるから農業は行はれない。

海岸線は出入が少く弓形(ゆみがた)をなす所が多い。

三　氣候・生物

幌内平野の濕地

北にかたよつてゐるので氣溫が低い。冬は寒さがきびしく海面の凍る所が多い。たゞ西海岸に凍らない所のあるのは、暖流が岸に沿うて流れてゐるからである。雨は我が國で最も少い。

海豹島のおつとせい

動物や植物には寒帶性(かんたいせい)のものが多い。山地にはとゞまつ・えぞまつ・からまつ等の密林があり、海豹(かいへう)島には夏から秋にかけておつとせいがたくさん集るので繁殖(はんしよく)を保護(ほご)してゐる。

からまつの林

四　産業・交通

産業

山地からはたくさんの木材を產するから、これを原料とするパルプ工業及び製紙工業は極めて盛で、その製品は多量に內地に送られる。また水產業もこの地方の重要な產業で近海には、にしんをはじめ、たら・ます・さけ・かに等が多くとれ、漁期には他の地方から來て漁業に從事する者が多い。また石炭を多く產し、毛皮もとれる。

陸上の交通

交通はまだよく開けてゐない。鐵道には大泊(おほどまり)に起り東海岸に沿うて敷香(しくか)に至るものと、西海岸に沿うて走るもの、及びこの兩線を連絡するものとがある。

豊原のパルプ工場

海上の交通

海上の交通は結氷(けつぴよう)と霧にさまたげられることが多いが、大泊と北海道の稚內(わつかない)との間に鐵道連絡船が往來し、冬季には碎氷船(さいひようせん)を用ひる。本斗(ほんと)と眞岡(まをか)は不凍港である。

碎氷船と氷上の荷役

五　住民・都邑

　人口はおよそ三十餘萬、密度は我が國で最も小さく、朝鮮の約十一分の一である。住民の大部分は、內地から移住したものである。

　豊原は政治の中心地で樺太廳があり、大泊は豊原の門戶で眞岡は水產物の集散地である。惠須取(えすとる)・知取(しるとる)はパルプ及び製紙工業で發達した所である。

第四　北海道地方

一　位置・區域

北海道地方とは北海道本島と千島列島とをいふ。樺太地方の南に位し、南は津輕(つがる)海峽を隔てて本州と向かひあつてゐる。

二　地形

胴體部(どうたいぶ)

北海道本島は、南西部の細長い半島部を除(のぞ)くと、大體菱形(ひしがた)になつてゐる。

菱形の部分では北から南に走る蝦夷(えぞ)山脈と、千島から連なる千島火山脈とが丁字形(ていじけい)になつてゐて、この兩山脈の出合ふ所が最も高く、旭岳(あさひだけ)をはじめ高い山が多い。川は、これらの山地から四方に流れ、石狩(いしかり)川・天塩(てしほ)川・十勝(とかち)川等の大きな川がある。平野は、これらの川の流域や海岸にある。また盆地も所々にある。石狩平野・上川盆地・十勝平野は、中でも著しいものである。

半島部

半島部は山地で火山が多く、また湖が所々にある。

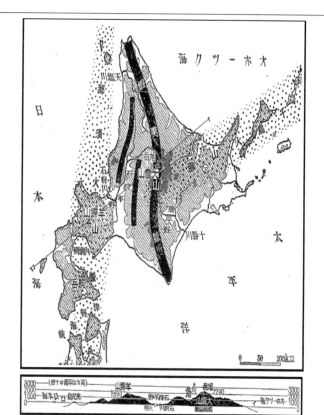

北海道本島の地形の略圖と斷面圖

海岸	海岸線は、半島部ではやゝ變化(へんくわ)に富んでゐる が、他は出入が少い。

三　氣候

　北海道は樺太や北部朝鮮と共に、我が國での寒い地方
である。內陸は、冬は寒さがはげしく、夏は割合に氣溫
が高い。雨量は、一般に北部朝鮮や樺太よりも多いが、
我が國の他の地方に比べると、はるかに少い。

四　産業

　この地方はおそく開けたが近年諸種の産業が大いに進んで來た。ことに農業と工業の進歩が著しく、いづれも從來この地方第一の産業であつた水産業をしのぐやうになつた。

森林を伐開いて開墾してゐる所

農業

　農業の盛な地方は、石狩平野・上川盆地・十勝平野等で、夏の氣溫が割合に高いために米も近來所々に栽培され、その産額も著しく増加して來た。しかし一般に低溫(ていをん)な氣候に適するものが主で、燕麥(えんばく)・豆類その他、薄荷(はくか)・亞麻(あま)・馬鈴薯・苹果(りんご)・除蟲菊(じよちゆうぎく)・甜菜(てんさい)等を多量に産する。これらの農産物は各地へ送り出されたり、工業の原料となる。主な集散地は、札幌(さつぽろ)・小樽(をたる)・旭川(あさひがは)・帶廣(おびひろ)である。

牧畜業	原野が多いので馬の牧畜(ぼくちく)が盛である。馬の頭數は我が國第一で馬市が各地に開かれる。また石狩平野では乳牛(にゅうぎう)の牧畜が盛で、乳製品の産額も我が國で最も多い。

札幌附近の牧場

バタ製造所

業林	森林には、えぞまつ・とゞまつ等が多く、製紙の原料、マツチの軸木(ぢくぎ)、その他色々の用材として小樽・釧路(くしろ)等から各地に送り出され産額ははなはだ多い。
鑛業	鑛産物では石炭が主なもので、石狩(いしかり)炭田は筑豊(ちくほう)炭田に次ぐ我が國の大炭田である。こゝから出る石炭は、小樽と室蘭(むろらん)から各地に送られる。また火山が多いので所々に硫黄(ゆわう)を産する。

石　狩　炭　田

水産業	近海には、寒流と暖流が流れてゐるので、魚類や海藻(かいさう)類が多く、水産業は本島の産業中最も早く發達したもので、世界で名高い漁場となってゐる。いわし・にしん・たら・いか・こんぶ・さけ・ます等の産額の多いことは我が國で、この地方に及ぶ所がない。これらの水産物は干物(ひもの)・塩物・鑵詰(くわんづめ)等に製造されて、多くは函館(はこだて)・小樽・根室(ねむろ)から積出される。

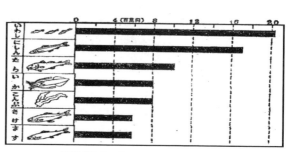

北海道地方の主な水産物の産額の比較
總産額約一億六百萬圓(昭和九年)

北海道に於けるにしんの陸揚げ

工業　　木材を原料とするパルプ及び製紙の工業は、樺太と共に極めて盛で、我が國の新聞用紙は多くこゝで造られる。苫小牧(とまこまい)や釧路等には大きな製紙工場がある。そのほか函館附近にはセメント工場、札幌にはビール工場・製麻工場、室蘭には製鋼所(せいかうじよ)があつて、それぞれ多くの製品を出してゐる。このやうに工業が盛になつたのは、主に原料が豊かで、石炭及び水力電氣が得易いからである。

苫小牧の製紙工場

製 麻 工 場

五　交通

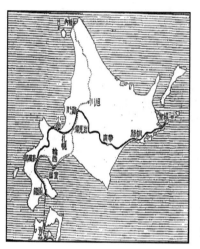

北海道の主要列車線圖

陸上の交通

土地が開けるにつれて、鐵道も次第に發達した。本州の鐵道と連絡船で繋(つな)がる函館本線は、宗谷(そうや)本線と共に本島の主要な縱貫(じゆうくわん)線をなし、根室本線は東西の連絡線として重要である。その他主な鐵道には室蘭本線がある。

海上の交通

　海岸線は出入が少く、冬季は風波が荒く雪も多い。また、太平洋方面では春から夏に代る頃に霧が深く、オホーツク海方面には流氷が多いから、海上の交通はとかく故障(こしやう)が多い。しかし函館・小樽・室蘭の諸港は、それぞれ港の設備が出來てゐて年中船の出入が多く、ウラジボストツク及び北鮮の諸港へも航路が開けてゐる。

六　住民・都邑

　この地方はもと人口が至つて少かつたが、移住して來る者が次第に增加して、今では人口三百萬を越え、多く

の都會も出來てゐる。しかし、まだ人口の密度は小さく
朝鮮の三分の一にも及ばない。

小　樽　港

札　幌

　札幌は北海道廳や北海道帝國大學があり、商工業も盛
である。市街は道幅(みちはゞ)が廣く、市區は正しく區劃
(くくわく)されてゐる。札幌・小樽・函館はいづれも人口
が二十萬ほどある。

七　千島列島

　千島列島は我が國の北東端にあつて、千島火山脈が通つてゐる。地形がけはしく、冬の寒さもきびしいので住民も少い。しかし、近海には水産物が多いから、夏の間は、漁業のために各地から集る者が多い。またその位置がソビエト聯邦及びアメリカ合衆國(かつしゆうこく)の領地に近いので國防上重要なところである。

第五　奥羽(あうう)地方

一　位置・區域

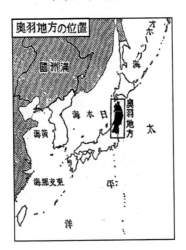

奥羽地方の位置

　　奥羽地方は津輕(つがる)海峡を隔てて北海道本島の南に位し、本州の北部を占(し)め青森(あをもり)・岩手(いわて)・宮城(みやぎ)・福島(ふくしま)・秋田(あきた)・山形(やまがた)の六縣に分れてゐる。

二　地形

　奥羽地方には、南北に長い三列の山地が走つてゐて、その間にほゞ二列の低地がある。

中央部　中央の山地を奥羽山脈といひ、これに沿うて那須(なす)火山脈が通つてゐて磐梯(ばんだい)山等の火山がある。奥羽山脈は那須火山脈と共に、この地方を東西の二部に分ける大分水嶺をなしてゐる。

東部　東部の山地は、仙臺(せんだい)灣のため北部の北上(きたかみ)山脈と南部の阿武隈(あぶくま)山脈とに分れてゐる。いづれも高原状(かうげんじやう)であまり高くない。

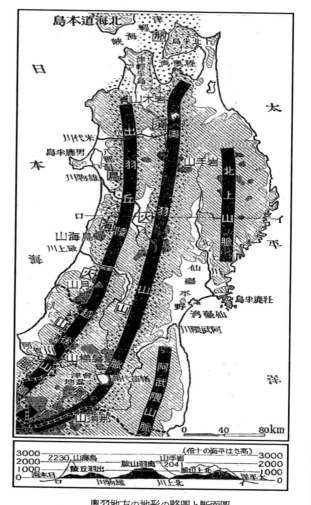

奥羽地方の地形の略圖と斷面圖

この山地と中央の山地の間には、北上川・阿武隈川が流れ、川に沿うた平野や廣い仙臺平野がある。

松　島

西部　西部の山地は所々で切れてゐるが、大體一つゞきの山脈で、南部の越後(えちご)山脈は高いが、北部の出羽丘陵(ではきうりよう)はあまり高くない。この山地と中央の山地の間には、所々に盆地があり川はそれぞれ盆地の水を合はせて日本海に注いでゐる。主な川は米代(よねしろ)川・雄物(をもの)川・最上(もがみ)川・阿賀(あがの)川等である。

海岸　日本海岸には男鹿(をが)半島が突出してゐるほか、一般に出入が少く砂濱が長くつゞいてゐる。太平洋岸は北上山脈の東部が急に海に迫つて出入が多い。仙臺灣の一部には風景の美しい松島灣がある。北部には、下北(しもきた)・津輕(つがる)の二半島が陸奥(むつ)灣をかこんでゐる。

三　氣候

　氣溫は本州中で最も低い。しかも土地が南北に長いため、北部と南部とでは氣溫の差が大きい。また奧羽山脈が南北に走つてゐるので、裏(うら)日本と表(おもて)日本の氣候も異なつてゐる。冬季北西風に當る日本海斜面(しやめん)には雪が多い。

四　産業

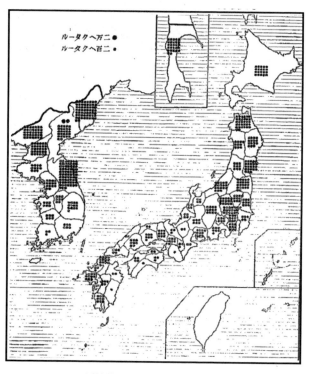

馬鈴薯の生産分布圖(昭和九年)

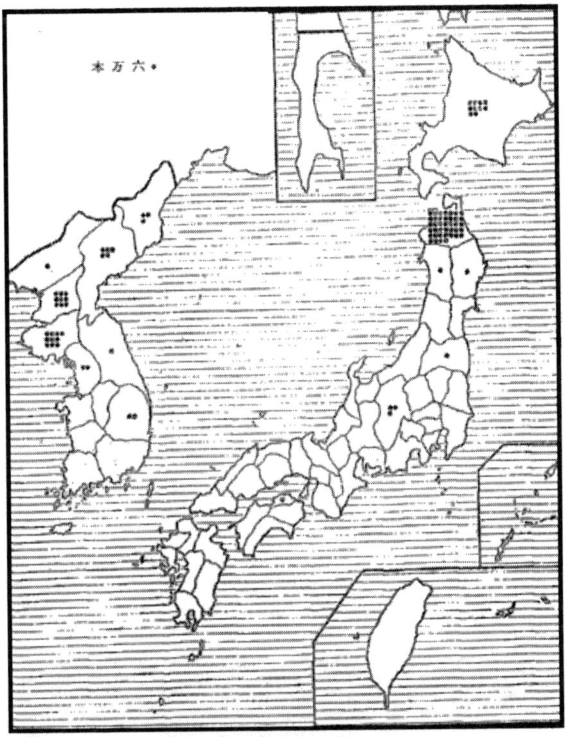

苹果の生産分布圖(昭和九年)

農業
工業

　農業はこの地方第一の産業であるが氣溫が一般に低い
から面積の廣い割合には農産額は多くない。農産物の中
で最も主なものは米で、各地へ多く送り出される。主産
地は最上川・雄物川の沿岸の平野と仙臺平野である。ま
た北部からは、大豆・馬鈴薯・苹果(りんご)等を多く産す
る。弘前(ひろさき)附近は我が國で苹果の栽培が最も盛な
所である。南部はやゝ氣溫が高いので、桑の生育に適
し、養蠶業が廣く行はれてゐる。從つて福島やその附近

	牧畜業		林業

は生絲や羽二重(はぶたへ)を多く產し、米澤(よねざは)は絹織物の產地として有名である。

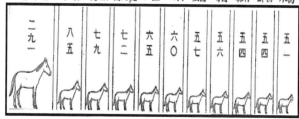

北海道	岩手	福島	鹿兒島	熊本	秋田	宮城	宮崎	青森	朝鮮	栃木
一九一	八五	七九	七二	六五	六〇	五七	五六	五四	五四	五一

馬の頭數の比較(單位千)
總頭數約二百萬(昭和九年)

牧畜業

太平洋方面には原野が多いので馬の牧畜が盛で、盛岡(もりをか)や白河(しらかは)では、秋每に馬の大市が開かれる。

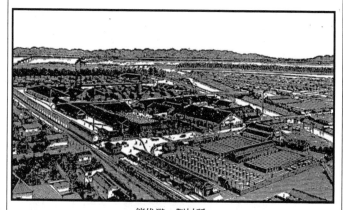

能代港の製材所

林業

西部の山地には森林が多く、ことに米代川の流域には、杉の大森林がある。その川口の能代港(のしろみなと)は木材の集散地で製材業も盛である。

土崎港の製油所

鑛業

　米代川や雄物川の流域には、銅や銀を産する鑛山が多く、ことに小坂(こさか)鑛山は我が國屈指の鑛山である。秋田附近の油田(ゆでん)は我が國で石油の産額が最も多く、その石油は主として土崎港(つちざきみなと)にある製油所で精製される。釜石(かまいし)附近には鐵山があり、釜石には製錬所がある。阿武隈山脈の南部には、關東地方につゞく常磐(じやうばん)炭田があつて、その石炭は東京方面に供給されてゐる。

水産業

　太平洋方面の近海や遠洋には、漁業が盛で、いわし・かつを・くぢら等が多くとれる。

五　交通

陸上の交通

　この地方の主な鐵道はほゞ南北に通じてゐる。東北本線と奥羽本線は東西兩部の低地を、常磐線と羽越(うえつ)線は、東西の兩海岸をそれぞれ南北に通じてゐる。

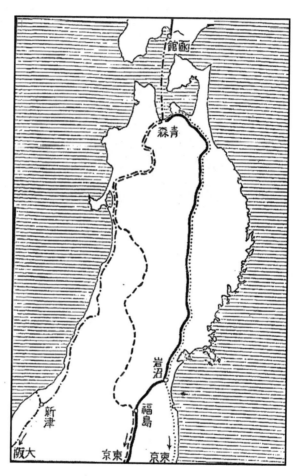

奧羽地方の縱の主要列車線圖

靑森からは、東北本線・常磐線・奧羽本線によつて東京に、また奧羽本線・羽越線を經て大阪に達することができる。靑森と函館の間には鐵道連絡船が往來してゐる。

雪よけトンネル

日本海方面は冬季雪が深いので、鐵道には所々に雪よけトンネルを設けてあるが、それでもなほ積雪(せきせつ)のために汽車の交通がしばしばさまたげられる。

海上の交通は良港が乏しいので不便をまぬかれない。ことに日本海方面は、冬季、風波が荒く雪が多いので、一層不便である。

六　住民・都邑

人口の密度は本州の中で最も小さく、朝鮮とほゞ等(ひと)しい。しかし、三列の山脈の間にある平野と、諸川の下流の平野は産業が發達し、交通も便利であるから、人口が密で都邑が多い。

東部	東部では、盛岡・仙臺・福島・郡山(こほりやま)等が主な都會で、いづれも東北本線に沿うてゐる。仙臺はこの地方第一の都會で人口二十餘萬東北帝國大學があり、近くの松島灣にのぞむ塩釜(しをかま)は漁港である。また陸奥(むつ)灣の北には海軍の要港の大湊(おほみなと)がある。
西部	西部では奥羽本線に沿うて、青森・弘前・秋田・山形・米澤等があり、また會津(あひづ)盆地の中心地として若松がある。これらの都會の中で、青森・盛岡・仙臺・福島・秋田・山形はそれぞれ縣廳の所在地である。

第六　關東地方

一　位置・區域

關東地方の位置

東京府と茨城(いばらぎ)・千葉(ちば)・栃木(とちぎ)・群馬(ぐんま)・埼玉(さいたま)・神奈川(かながは)の六縣の區域を關東地方といふ。この地方は、近畿地方と共に我が國で最も開けたところである。

二　地形

平野
西部
　我が國で最も廣い關東平野が主要部をなしてゐる。西部には關東山脈があり、その南西部には、富士火山脈に屬(ぞく)する箱根(はこね)火山がある。箱根は溫泉と景色のよいので名高い。

北部
　北部には三國(みくに)山脈と那須(なす)火山脈がある。那須火山脈には、那須・赤城(あかぎ)等の火山や、塩原(しほばら)・伊香保(いかほ)等の有名な溫泉がある。

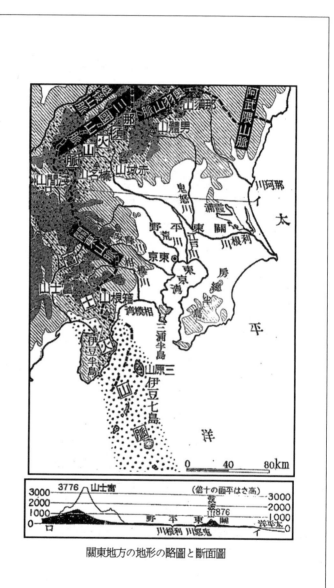

關東地方の地形の略圖と斷面圖

中禪寺湖と華嚴瀧

箱 根 山

　川は、主に北部及び西部の山地から出て、關東平野を
ゆるやかに流れてゐる。川の主なものは、利根(とね)川・
多摩(たま)川・相模(さがみ)川等である。中でも、利根川
が最も長大で、關東平野の中央を貫ぬき、霞浦(かすみが
うら)とも通じ、古來舟運の便が開けてゐる。

海岸	南部には、房總・三浦の二半島が東京灣をかこんでゐる。その他の部分は、海岸線の出入が少く、砂濱が多いので良港がほとんどない。

三　氣候

　北部と西部の山地は寒い北風をふせぎ、南と東は海に面し近海には暖流が流れてゐるので一般に暖かい。ことに房總(ばうそう)半島の南部や相模灣の沿岸は氣候がよいので保養地として名高い。

四　産業

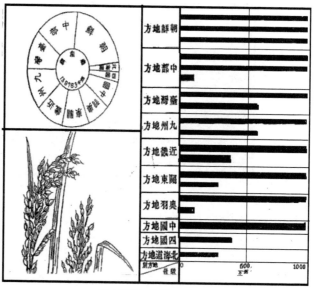

米の產額の比較(昭和九年)

農業	廣い平野があり、氣候が溫和で地味も肥えてゐるので農業が大いに發達してゐる。農業は工業に次ぐこの地方の重要な産業である。主な農産物は米・麥・甘藷・野菜・煙草で、中でも、麥は內地總産額の凡そ三分の一、煙草は約四分の一を占めてゐる。米もその産額は多いが東京や橫濱の如き大都市があるため、なほ不足して他の地方からはいつてくるものも少くない。また西部と北部の山麓では養蠶業がはなはだ盛である。

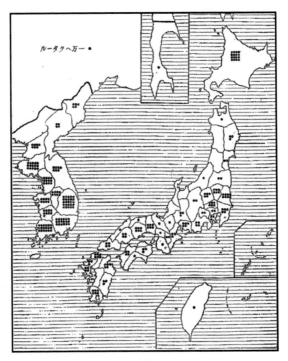

麥の生産分布圖(昭和九年)

鑛業	北部の山地には日立(ひだち)・足尾(あしを)の二大鑛山があつて、共に大きな製錬所を有し、他の鑛山の鑛石をも製錬してゐる。製錬高は、兩鑛山とも銅が第一で、金や銀も少くない。石炭は常磐炭田から産する。

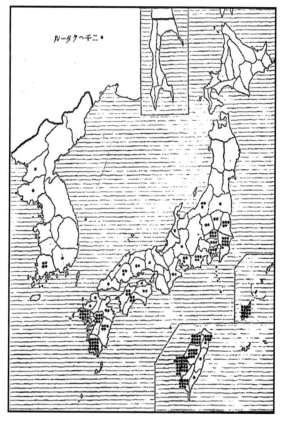

甘藷の生産分布圖(昭和九年)

日清製粉工場

水産業

　近海には暖流が流れてゐて、水産物が多いから漁業が盛で、いわしやまぐろが多くとれ、主に東京へ送られる。また東京灣の北部では淺瀬(あさせ)を利用して、盛にのりを養殖してゐる。

日 立 鑛 山

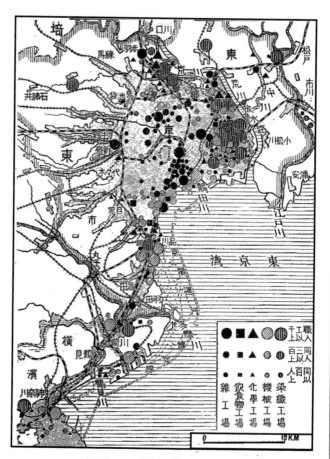

東京及びその附近に於ける工場の分布圖

工業　　　養蠶業の盛な山麓(さんろく)地方には、製絲業や絹織物
業が發達してゐる。生絲の主産地は前橋(まへばし)で、絹
織物の主産地は桐生(きりふ)・足利(あしかゞ)・伊勢崎(い
せざき)・八王子(はちわうじ)等である。東京から、川崎

(かはさき)・横濱(よこはま)に至る地方は、海陸の交通が便利で、原料品や製品の運搬(うんばん)が容易であるばかりでなく、首府東京を始め、近くに人口の多い大都市を控へてゐるから、工業が盛で我が國の一大工業地帯をなしてゐる。大きな新式の工場が次々に出來て、綿絲・麥粉・毛織物・機械・洋紙・肥料・雑貨等の工業が盛に行はれてゐる。

五　交通

東京の地下鐵道

關東平野は産業の發達につれて交通がはなはだ便利になつてきた。ことに東京と横濱附近は汽車・電車・自動車等の交通機關がよく發達してゐる。東京には地下鐵道もある。鐵道の主なものは東京を起點(きてん)として各地に通じ、航路の主なものは横濱を起點として、内外の諸港に通じてゐる。

陸上の交通

東海道本線は、我が國での主要な鐵道で、東京を起點として神戸で山陽本線に接續してゐる。

東 京 驛

東北本線と常磐線とは、東京から起つて共に奥羽地方に入り、中央本線は、東京から中部地方の山地を通つて、名古屋で東海道本線と合してゐる。東海道本線・東北本線及び山陽本線は、共に本州の鐵道の幹線で、設備がよくとゝのつてゐる。

なほ大宮と高崎の間を走る高崎線は、東北本線と信越(しんえつ)本線及び上越(じやうえつ)線とを連絡してゐる。信越本線は高崎に起り、新潟(にひがた)に至るものである。上越線も、高崎に起つて長岡(ながをか)で信越本線に連絡し、東京・新潟間の近道になつてゐる。

碓氷峠の鐵道

　東海道本線・中央本線・信越本線・上越線等が、關東平野を過ぎて、西部や北部の山地を越える所にはトンネルが多い。中でも清水(しみづ)と丹那(たんな)の二トンネルは最も名高い。信越本線の碓氷峠(うすひたうげ)は、傾斜がことに急なので、軌道(きだう)に齒止(はとめ)めを設けてゐる。

羽田の飛行場

空の交通

　東京の羽田(はねだ)には飛行場があつて、こゝを起點として、福岡・札幌・新潟・富山の各地と通じ、なほ朝鮮・滿洲・支那・臺灣及び南洋群島とも定期航空路が開けてゐる。

横濱港の繋船岸(けいせんがん)(生絲の積出し)

海上の交通	横濱を起點とする外國航路は、アメリカ・支那・印度・ヨーロツパ・オーストラリヤ等世界各地の港に通じてゐる。したがつて横濱には、内外の汽船がたえず出入する。また東京港は沿岸航路の中心をなし船舶の出入が多い。
通信	郵便・電信・電話はいづれも東京を中心として廣く各地に通じ通信は益益便利に且つ迅速(じんそく)になつた。小笠原(をがさはら)諸島の父島(ちゝじま)に至る海底電線は、そこでアメリカ合衆國の太平洋海底電線と接續する。東京無線電信局は遠くヨーロツパ洲及びアメリカ大陸の諸國とも通信してゐる。

六　住民・都邑

宮　城

　産業や交通が開けるにつれて人口は次第に増加し、今では全國總人口の約六分の一を占め、密度は我が國、各地方中第一位である。ことに平野の地方が最も多く、人

東 京 市 街

口一萬以上の都邑が八十を越えてゐる。中でも、東京は
人口およそ六百萬、世界第三の大都會である。

靖 國 神 社

東京　　東京は我が國の首府で、荒川(あらかは)の下流の低地か
ら、西方の臺(だい)地にわたつてゐる大都會である。

宮城をはじめとして、明治神宮や靖國(やすくに)神社があ
る。また内閣(ないかく)・諸官省(しよくわんしやう)・日
本銀行等の政治上・經濟(けいざい)上の中央機關は皆こゝ
に集り、帝國議會(ていこくぎくわい)の議事堂(ぎじだう)
もある。その他諸外國の大使館や公使館も置いてある。

　東京には、東京帝國大學その他各種の學校・博物館・
圖書(としよ)館等が備つてゐて、我が國に於ける學術の中
心地である。また大きな銀行・會社・工場等も多く、商
工業が極めて盛である。

　八王子附近には大正天皇の御陵(ごりよう)がある。

横濱港

横濱

　横濱は神戸・大阪と共に、我が國の三大開港場で、人
口七十餘萬、港は廣くて深く、防波堤(ばうはてい)・桟橋
(さんばし)・繋船岸(けいせんがん)等の設備がよくとゝの
つている。我が國の生絲は、大ていこゝから積出され、
主としてアメリカ合衆國へ行く。なほ、絹織物の輸出も
多い。輸入品は石油・綿・羊毛・鐵・小麥・木材等の工
業原料品が主である。工業も近年著しく盛になつてき
た。

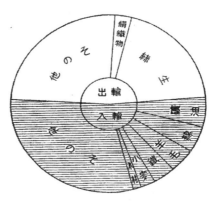

横濱港の貿易
(總貿易額十億圓(昭和九年))

日光の東照宮
陽 明 門

横濱・水戸(みと)・千葉(ちば)・宇都宮(うつのみや)・前橋(まへばし)・浦和(うらわ)は縣廳の所在地である。横

須賀(よこすか)は東京灣の入口に近い軍港で、艦船や兵器を造る海軍の大きな工場がある。鎌倉(かまくら)は歴史上有名な所である。日光(につくわう)は東照宮(とうせうぐう)のある所で、中禪寺湖(ちゆうぜんじこ)や華嚴瀧(けごんのたき)も近くにあつて、自然の美と人工の美をかね、その名は外國にまで聞えてゐる。高崎は商業地として、野田(のだ)は醬油(しやうゆ)の産地として名高い。

七 伊豆(いづ)七島・小笠原諸島

大島(おほしま)・八丈島(はちぢやうじま)等の伊豆七島、父島(ちゝじま)・母島(はゝじま)等の小笠原(をがさはら)諸島は、相模(さがみ)灣の南に當つて南北にならび、東京府に屬してゐる。富士火山脈に沿うてゐるので火山が多く、中でも大島の三原(みはら)山はよく知られてゐる。

これらの諸島は位置が南方にある上、暖流の影響(えいきやう)もあつて氣溫が高く、小笠原諸島はことに暖かで、さたうきびを産する。近海には魚類が多いので、漁業が盛である。

父島の二見(ふたみ)港は諸島中唯一(ゆゐいつ)の良港で、軍事上及び南洋群島との交通上大切な所である。

第七　中部地方

一　位置・區域

中部地方の位置

靜岡(しづをか)・愛知(あいち)・岐阜(ぎふ)・長野(ながの)・山梨(やまなし)・新潟(にひがた)・富山(とやま)・石川(いしかは)・福井(ふくゐ)の九縣の區域を中部地方といひ、本州の中央部を占めてゐる。

二　地形

この地方は、本州の中で最も幅の廣い所である。

中央部　中央部には、飛驒(ひだ)・木曾(きそ)・赤石(あかいし)の三大山脈が、ほゞ南北に走つてゐて、內地で最も高くてけはしい地帶(ちたい)である。中でも飛驒山脈は有名で、槍岳(やりがたけ)や白馬岳(しろうまだけ)等の山々がそびえ、この山脈に沿うて乘鞍(のりくら)火山脈が通り、御岳(おんたけ)・乘鞍岳等の高い火山がある。これらの山はいづれも景色が雄大で、山頂には冬に積つた雪が夏でもとけきらないで、いはゆる雪溪(せつけい)をつくつてゐる所もある。赤石山脈も、飛驒山脈におとらない高い山脈である。

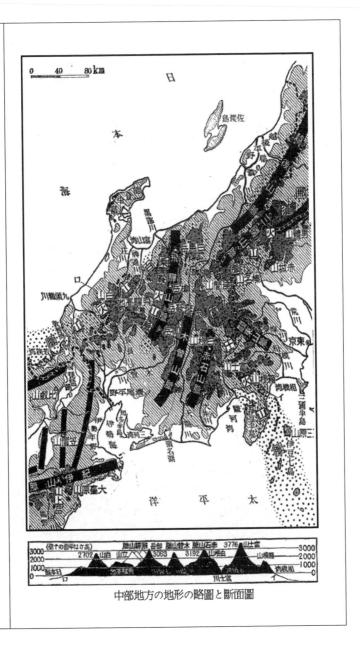

中部地方の地形の略圖と斷面圖

槍岳の雪谿と頂上

東部

　この地方の東部には、富士火山脈が南北に通つてゐる。この火山脈の主峯(しゆほう)は富士山で、高さは三千七百七十六メートル、年中、雪をいたゞいて、大空高く駿河(するが)灣の沿岸にそびえてゐる姿は、まことに美しく、我が國第一の名山である。

白 馬 岳

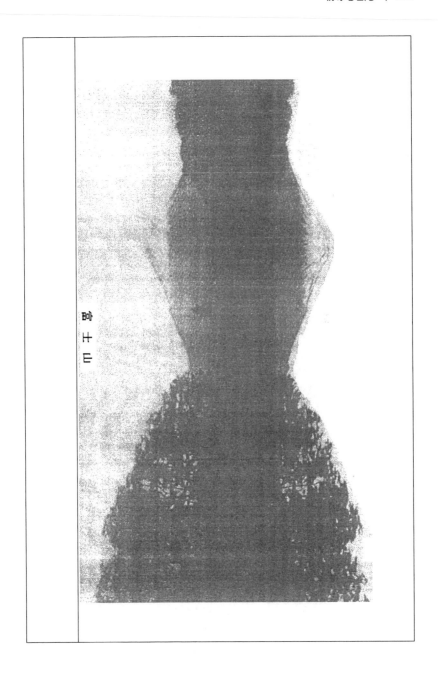

なほこの地方には、東の境にあたつて、たえず煙をはいてゐる淺間(あさま)山や、飛驒高地の西にそびえてゐる白山(はくさん)等の名高い火山がある。こえらの火山のある所には溫泉地が多く、中でも、伊豆半島の熱海(あたみ)と修善寺(しゆぜんじ)が最も名高い。

太平洋方面

太平洋方面の主な川は、木曾(きそ)川・天龍(てんりゆう)川・大井(おほゐ)川・富士川等である。これらの川の下流には、それぞれ沿岸平野がある。その中で最も廣いのは、木曾川下流の濃尾(のうび)平野で、關東平野に次ぐ大平野である。

黑 部 川

太平洋の沿岸には、東部に伊豆半島が突出して、景色のよい駿河灣を抱き、西部には伊勢(いせ)海が深く入りこんでゐる。駿河灣と伊勢海との間は、出入が少く中に濱名(はまな)湖と三河(みかは)灣がある。

日本海方面の主な川は、信濃(しなの)川・黑部(くろべ)川・神通(じんつう)川等である。信濃川は本州第一の大きな川で、長さがおよそ三百七十キロメートルもある。その下流の流域にある越後平野は、濃尾平野に次ぐ大平野である。

日本海の沿岸には南西部に若狹(わかさ)灣がある。この灣の沿岸には小さな出入が多く、敦賀(つるが)の良港がある。中央の部分には、能登(のと)半島がつき出てゐて、その東海岸に七尾(ななを)港がある。その他の部分は、海岸線の出入が少い上に砂濱が多いので、自然の良港に乏しい。新潟・伏木(ふしき)の兩港は、日本海方面での重要な港であるが、海岸の港でなく川口を利用したものである。近海には、佐渡島(さどがしま)のほか島が極めて少い。

　　三　氣候

太平洋の沿岸地方は、地形と暖流の影響のため、氣候が溫和で夏は雨量が多い。日本海の沿岸地方は、冬は北西風のため雪が多く、高田(たかだ)附近はスキーで名高い。中央部は、地形の影響で雨量が少く、また海岸地方よりも冬の寒さが強い。

高田の積雪とそり人力

四 産業

農業

中部地方の大きな川の下流の流域や、海岸地方には、色色な産業が盛で、ことに太平洋の沿岸地方は、農業・工業・商業が盛である。また中央部には、所々に盆地があつて、そこにも農業や工業が發達してゐる。山地には林業の盛な所もある。

農業

濃尾平野と越後平野は、廣くて灌漑(くわんがい)がよく行はれ、我が國での米の主産地をなし、名古屋と新潟は主な集散地となつてゐる。また濃尾平野は、麥や野菜の産額も多い。靜岡縣の海岸地方は、氣候が溫暖で茶と蜜柑(みかん)の栽培が頗る盛である。ことに茶の産額は内地の約半ばに達し、靜岡は茶の精製や取引が盛である。製茶は清水港から、主としてアメリカ合衆國に輸出される。

清水港に於ける茶の積出し

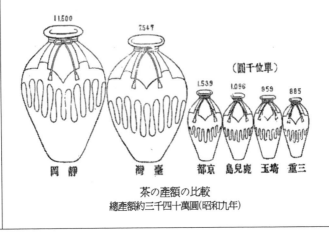

茶の産額の比較
總産額約三千四十萬圓(昭和九年)

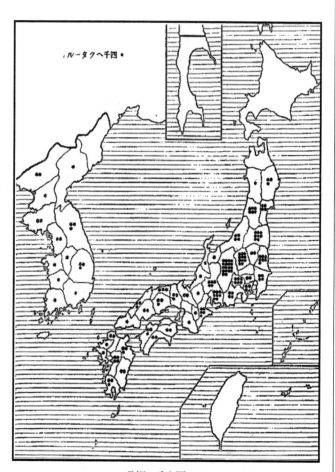

桑畑の分布圖(昭和九年)

　中部地方は我が國で養蠶業の最も盛な地方で、中央部と太平洋の沿岸地方によく行はれ、長野と愛知の二縣は繭の産額がことに多い。

木曾森林と森林鐵道

林業

　中部地方で最も名高い林産地は、木曾川の上流の木曾谷である。この森林は我が國屈指のもので、ひのきやさはら等の良材が多い。この木材の主な集散地は名古屋である。

新潟縣の油田

鑛業	信濃川の下流附近は秋田附近と共に、我が國での石油の主産地で、油井(ゆせい)の櫓(やぐら)がいたる所に立並んでゐる。こゝから出る石油は主として柏崎(かしわざき)・新潟にある製油所で精製される。佐渡島からは金を産する。 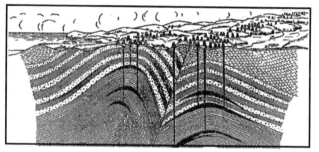 油田の斷面圖
水産業	近海では一般に漁業が行はれ、ことに暖流が流れてゐる太平洋方面の近海や遠洋では、かつをが多くとれ、靜岡縣では盛にかつをぶしを製造してゐる。  岡谷の製絲工場

工業

繭の産額の比較(昭和九年)

養蠶業が盛なのにつれて、製絲業も一般に盛で、長野・愛知の二縣は生絲の産額が他の諸縣よりもはるかに多い。ことに長野縣は、我が國の生絲總産額のおよそ五分の一を占めてゐる。諏訪湖沿岸の岡谷(をかや)は、我が國製絲業の大中心地で、大小あまたの製絲工場が立並び、盛に生絲を製してゐる。

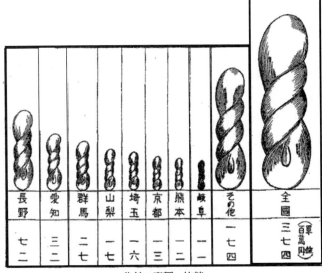

長野	愛知	群馬	山梨	埼玉	京都	熊本	岐阜	その他	全國
七二	三二	二七	一七	一六	一三	一二	一一	一七四	三七四

(單位百萬圓)

生絲の産額の比較
(昭和九年)

　日本海の沿岸地方は、一般に絹織物業が發達してゐる。中でも福井・金澤(かなざわ)及び其の附近は、我が國での絹織物業の最も盛な地方で、近年人絹織物の産額も増加して來た。

名古屋の製陶工場

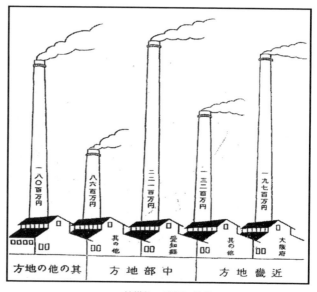

絹織物の産額の比較
全國總産額約八億三千二百萬圓(昭和九年)

　名古屋及びその附近は、一大工業地帯をなしてゐて、諸種の工業が盛である。中でも綿織物・綿絲・毛織物・陶器(たうき)・時計等の産額が多い。陶器は我が國の主な輸出品の一つで、瀬戸(せと)・多治見(たぢみ)にも産する。また靜岡や輪島(わじま)では漆器、富山(とやま)では賣藥(ばいやく)、濱松(はままつ)では綿織物・樂器(がくき)、富士山の裾野(すその)の大宮(おほみや)附近では洋紙を製造してゐる。

　中部地方は、我が國第一の水力發電地帯で、その電力は京濱(けいひん)・名古屋・京阪(けいはん)地方へ送られる。

五　交通

<table>
<tr><td rowspan="2">陸上の交通</td><td>　この地方は、高山や急流が多いけれども、近畿地方と關東地方の間にあるので、古くから主要な街道(がいだう)が通つてゐる。さうして、鐵道もほゞこれに沿うて敷かれ、太平洋の沿岸には東海道本線があり、中央部には中央本線、日本海の沿岸には、北陸(ほくりく)本線・羽越線がある。この外南北を連絡する鐵道には、信越本線・高山線等がある。</td></tr>
</table>

　この地方は、高山や急流が多いけれども、近畿地方と關東地方の間にあるので、古くから主要な街道(がいだう)が通つてゐる。さうして、鐵道もほゞこれに沿うて敷かれ、太平洋の沿岸には東海道本線があり、中央部には中央本線、日本海の沿岸には、北陸(ほくりく)本線・羽越線がある。この外南北を連絡する鐵道には、信越本線・高山線等がある。

　日本海方面では雪のために鐵道の交通がさまたげられることが多い。

海上の交通

　太平洋方面は、産業が發達してゐるばかりでなく、名古屋と清水の二良港があるから、海運の便が大いに開けてゐる。この二港には、外國航路の汽船もひんぱんに出入する。

大井川の鐵橋と昔の渡し

　日本海方面は良港が少く、海運は太平洋方面ほど便利でない。ことに冬季は、風波が荒く雪が多いから、海上の交通は困難である。しかし新潟・伏木・敦賀の諸港は港の設備が大いにとゝのひ、北鮮をはじめ、滿洲及びシベリヤとの連絡上、極めて重要な港となつてゐる。

　　　六　住民・都邑

　濃尾平野・越後平野及びその他海岸地方の諸平野と、中央部にある盆地とは、產業が盛で交通も便利なため都

太平洋方面	會が多い。ことに太平洋の沿岸地方には、縣廳の所在地の靜岡・名古屋・岐阜(ぎふ)をはじめ、濱松・豊橋(とよはし)・岡崎(をかざき)・大垣(おほがき)等の大きな都會が並んでゐる。中でも名古屋は濃尾平野をひかへ、伊勢海に面し、人口およそ百十萬、我が國屈指(くつし)の大都會で、海陸交通の要路に當り、商工業も大いに發達してゐる。市の南部に熱田神宮がある。  名　古　屋　城
日本海方面	日本海の沿岸地方にある都會の中、新潟・富山・金澤・福井は縣廳の所在地で、それぞれその地方の中心地をなし、商工業が盛である。
中央部	中央部の盆地にある主な都會は、縣廳の所在地である長野・甲府と松本で、長野は善光寺(ぜんくわうじ)がある

ので名高い所、甲府(かふふ)・松本は製絲業の盛な所である。甲府の附近は、ぶどうの栽培が盛である。

甲府附近にある葡萄園

第八　近畿(きんき)地方

一　位置・區域

近畿地方の位置

近畿地方は、本州の中央よりやゝ西に當り、京都・大阪の二府と、三重(みへ)・奈良(なら)・和歌山(わかやま)・滋賀(しが)・兵庫(ひやうご)の五縣の區域をいふ。

二　地形

近畿地方は、北西部と南部には山地が多く、中央部には平地が多い。

北西部の山地は、中國山脈の東の部分で、大體が高原狀である。

日本海の沿岸には、舞鶴(まひづる)灣と風景の美しい天橋立(あまのはしだて)がある。

近畿地方の地形の略圖と斷面圖

天 橋 立

吉野山の櫻

南部

　南部は東西に長い紀伊(きい)山脈のある所で、大體高
原狀であるが、北西部の山地に比べると、山は高く谷が
深い。この山脈には金剛峯寺(こんがうぶじ)で名高い高
野山(かうやさん)と、史蹟(しせき)や櫻で名高い吉野山
(よしのやま)とがある。川はおほむね紀伊山脈から出て
ゐる。その主なものは南に流れる熊野(くまの)川と、西
に流れる紀川(きのかは)である。

中央部

南部の海岸には潮岬(しほのみさき)がつき出てゐる。

中央部には、いくつもの低い山脈が連なつてゐて、その中には金剛山や笠置山(かさぎやま)等の歴史に名高い山がある。

これらの山脈の間には、近江(あふみ)・京都・奈良の諸盆地がある。また大阪灣と播磨灘(はりまなだ)の沿岸には、大阪平野と播磨平野があり、伊勢海の沿岸には伊勢平野がある。

近江盆地にある琵琶湖(びわこ)は、我が國第一の大きな湖で、その水は大津の南東から流れ出て淀川(よどがは)となり、京都盆地・大阪平野を過ぎて大阪灣に注いでゐる。また大津から起つてゐる疏水運河(そすいうんが)は、京都で淀川の支流である賀茂川(かもがは)に合してゐる。延暦寺(えんりやくじ)で名高い比叡山(ひえいざん)は、琵琶湖の西岸にそびえてゐる。

琵琶湖と大津

中央部の東には伊勢海が入りこんで、その沿岸に四日市(よつかいち)港があり、西には大阪灣が入りこんで、その沿岸に大阪・神戸の二大貿易港がある。

大阪灣と播磨灘の間には淡路(あわぢ)島があつて、本州との間に明石(あかし)・紀淡(きたん)の兩海峽をはさみ、四國との間に鳴門(なると)海峽をはさんでゐる。

明石海峽の北岸は景色が美しく、鳴門海峽は潮流(てうりう)が早いので名高い。

鳴門海峽と潮流

三　氣候

　この地方は一般に溫和であるが、北部は冬、雪が多い。中央部は雨が少く、南部は著しく溫暖で、夏、雨が極めて多い。

四　産業

有田川沿岸の蜜柑山

農業

　中央部の諸平野では米・麥・菜種・野菜等が多くとれ、大阪は米の集散地で、朝鮮・臺灣等から來る米も少くない。また紀伊水道の沿岸地方はいたる所に蜜柑を產し、有田(ありた)川の沿岸は殊に名高い。こゝの蜜柑は、朝鮮や滿洲へも送られる。

林業

　南部の山地は森林が多く、ことに紀川と熊野川の流域は、杉の造林が盛で良材を產する。和歌山と新宮(しんぐう)は木材の集散地である。

紀川上流の筏流し

大阪北東部の工場地帯

水産業　　　紀伊半島の近海には、暖流が流れてゐて、魚類が多
く、海岸は漁港に適してゐるので、水産業が盛である。
赤穂(あかほ)附近では良い塩がとれる。

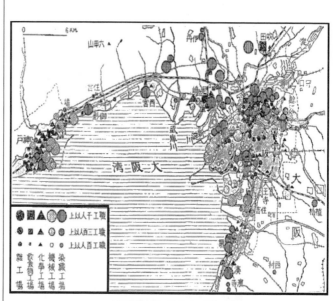

大阪灣沿岸に於ける工場の分布

京都附近にある絹織物工場の內部

大阪にある紡織工場の内部

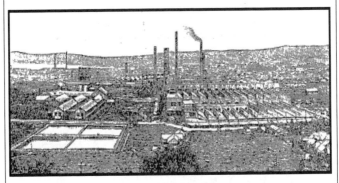

大津の人造絹絲工場

工業

　中央部の諸平野では、工業が大いに發達してゐる。ことに大阪灣沿岸の地方は、我が國で工業の最も盛な地方で、いはゆる阪神工業地帯と呼ばれ、神戸・尼崎(あまがさき)・大阪・堺(さかひ)等の工業市が相連なつてゐる。中でも、大阪にはいたる所に大きな工場があつて、煙突が林のやうに立並び、煙が空にみなぎつてゐる。この沿岸地方の主な工業品は、綿絲・綿織物・メリヤス・毛織物・マツチ・肥料・機械・麥粉等である。中でも綿絲・

綿織物・メリヤスは、その産額がはなはだ多く、海外へも盛に輸出される。したがつて大阪と神戸は商業も極めて盛である。

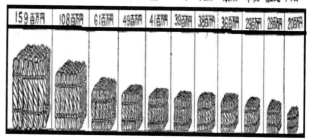

綿絲の産額比較　全國總産額約八億五百萬圓(昭和九年)

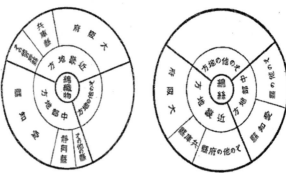

綿織物の産額の比較(昭和九年)　　綿絲の産額比較(昭和九年)

　京都では精巧(せいかう)な絹織物・染物(そめもの)・陶器等の工業が盛である。大津(おほつ)では人絹織物、四日市・津(つ)・和歌山では綿織物を多く産し、海南(かいなん)では漆器を製する。兵庫縣の灘(なだ)地方は、全國で有名な酒の産地である。

五　交通

　近畿地方は關東地方と共に我が國で最も交通の發達してゐる所である。

神戸港の全景

陸上の交通

　鐵道には東海道本線・山陽本線をはじめ、關西(くわんさい)本線・山陰(さんいん)本線・北陸本線等がある。東海道本線は、中央部の近江盆地・京都盆地及び大阪平野を通り、神戸に至つて山陽本線に接續してゐる。山陽本線は、神戸から中國地方の瀬戸内海の沿岸を通つて下關に達してゐる。關西本線は大阪に起つて奈良を過ぎ、途中で參宮(さんぐう)線を分け、名古屋に至り、山陰本線は京都から日本海岸を通つて下關に至つてゐる。北陸本線は、米原(まいばら)で東海道本線と連絡してゐる。

　中央部には汽車のほか大都市と各地を結ぶ電車もひんぱんに往來し、交通が至つて便利である。

海上の交通	この地方の諸港の中、神戸と大阪の二港は内外航路の起點で、瀬戸内海や近海はもちろん支那・印度・ヨーロッパ・アメリカ・オーストラリヤ等世界各地の港とも航路が通じてゐる。したがつて明石・紀淡の兩海峡は、海上交通の要路に當つて、船が絶えず往來してゐる。

六 住民・都邑

中央部の諸平野には、神武天皇以來御歴代の皇居(くわうきよ)があつたので、各所や舊跡が多い。また産業も極めて盛で交通も便利であつて、東京附近に次いで人口の最も密な所である。ことに大阪灣沿岸の工業地帶には、大きな都會が相連なつてゐる。この地方へは、朝鮮から行つてゐるものがことに多い。

平安神宮

京都	京都は京都盆地の北部にあつて、人口およそ百十萬、桓武(くわんむ)天皇以來久しく帝都であつた所で、京都御所(ごしよ)・二條離宮(にでうりきう)の外、平安(へい

あん)神宮・知恩院(ちおんゐん)・東(ひがし)及び西本願寺(にしほんぐわんじ)をはじめ、社寺や名所舊跡がはなはだ多い。また京都帝國大學をはじめ各種の學校や博物館等があつて、我が國での學術の一中心地となつてをり、美術(びじゆつ)・工藝品(こうげいひん)の製作では、國内第一と稱せられてゐる。

桃 山 御 陵

京都の南部の桃山(ももやま)には明治天皇の御陵(ごりよう)・昭憲皇太后(せうけんくわうたいこう)の御陵がある。桃山の附近は名高い宇治茶(うぢちや)の産地である。

奈良　奈良は奈良時代七十餘年の間、帝都であつた所で、正倉院(しやうさうゐん)・春日神社(かすがじんじや)・東大寺(とうだいじ)等がある。奈良の南西には法隆寺(ほふりゆうじ)があり、南には神武天皇の御陵と橿原(かしはら)神宮がある。

猿澤池のほとり

橿 原 神 宮

大阪

　大阪は、淀川(よとがわ)の下流沿岸平野にあつて、人
口およそ三百萬、東京に次ぐ大都會で、近畿地方以西に
於ける商業の大中心地であり、我が國第一の工業地であ

る。市内には淀川の下流や運河(うんが)が、縦横に通じて、水運が便利である。また港の設備がよくとゝのつてゐて、大きな汽船も出入することが出來る。したがつて、交通も貿易も年と共に發達し、貿易額は神戸・横濱と並(なら)んで我が國の三大貿易港の一つである。特に綿織物の輸出がはなはだ多い。

大阪の市街

神戸は人口九十餘萬、我が國第一の大貿易港で、港の設備がよくとゝのつてゐる。

淀川の下流

神戸

皇 大 神 宮

貿易額は極めて多く、我が國總貿易額のおよそ三分の一を占めてゐる。輸入品の主なものは綿・羊毛・鐵・機械・パルプ・ゴム等である。中でも綿は、我が國第一の輸入品で、アメリカ合衆國や印度等からこゝに來るものが最も多い。輸出品の主なものは綿織物・人造絹織物・生絲・絹織物等である。工業も盛で造船所をはじめいろいろな大工場がある。また有名な湊川（みなとがは）神社がある。

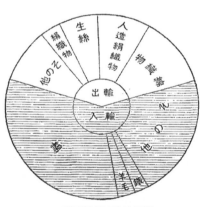

神戸港輸出入比較圖
總貿易額約十六億圓(昭和九年)

湊 川 神 社

　津・奈良・和歌山・大津は縣廳の所在地で、それぞれその縣內の中心地になつてゐる。宇治山田(うぢやまだ)は皇大神宮(くわうだいじんぐう)のまします所である。姬路(ひめぢ)は播磨(はりま)平野の中心地である。

第九　中國及び四國地方

一　位置・區域

　中國及び四國地方は近畿地方の西に位し、中國地方は鳥取(とつとり)・島根(しまね)・岡山(をかやま)・廣島(ひろしま)・山口(やまぐち)の五縣からなり、四國地方は香川(かがは)・愛媛(えひめ)・德島(とくしま)・高知(かうち)の四縣からなつてゐる。

二　地形

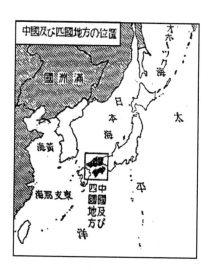

　中國地方には、高原狀の中國山脈が北にかたよつて東西に走り、四國地方には、ほゞこれに平行して四國山脈が走つてゐる。四國山脈は中國山脈にくらべると、一般にけはしくて高い。この兩高地の間に、瀬戶內海がある。したがつてこの地方は地形の上から、日本海方面・瀬戶內海方面・太平洋方面の三つに分けることができる。

日本海方面	日本海方面には、中國山脈に沿うた白山火脈もあつて、平野が少く、川は一般に短かい。しかし江川(がうのがは)は中國第一の大きな川で、中國山脈を横ぎつて流れてゐる。中央部に島根半島と夜見濱(よみがはま)があつて中海(なかのうみ)をかこんでゐるほか、海岸線は單調で一般に出入が少い。

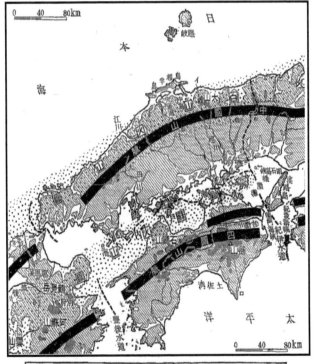

中國及び四國地方の地形の略圖と斷面圖

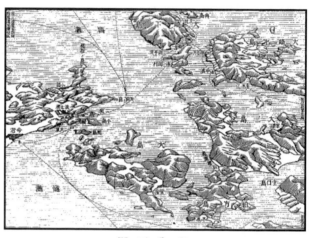

瀬 戸 内 海

近海には隠岐(おき)島のほか島が極めて少い。

瀬戸内海方面

瀬戸内海方面は海岸線の出入がはなはだ多く、海上には大小あまたの島々が散在してゐて、景色がよいので海の公園と云はれてゐる。中國の瀬戸内海方面は、日本海方面に比べると、一般に川も大きく平野も廣い。中でも岡山附近の平野が最も大きい。四國の瀬戸内海方面は中國方面とよく似てゐて、高松(たかまつ)・松山(まつやま)附近には平野がある。

太平洋方面

太平洋方面では、紀伊水道に注いでゐる吉野川が、四國中最も大きな川で、下流に徳島平野がある。南部は一般に山がちで、高知平野のほかには見るべきものがなく、海岸線は弓形をなしてゐる。西部の豊後(ぶんご)水道方面は海岸線の出入が多い。

三　氣候

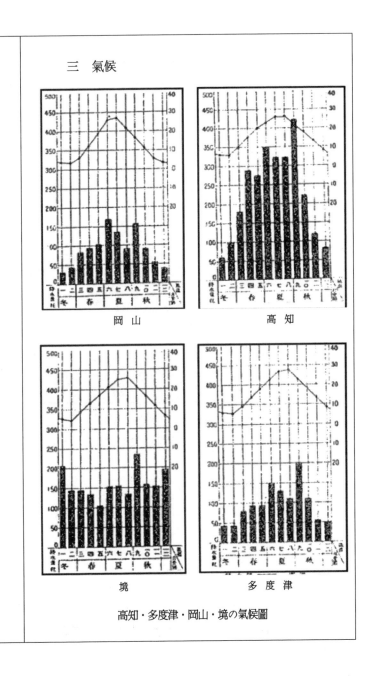

岡　山

高　知

境

多　度　津

高知・多度津・岡山・境の氣候圖

日本海方面は、冬季は北西風のために雨や雪が多く、瀬戸内海方面は、中國山脈と四國山脈で外海から隔(へだ)てられてゐるので、年中雨量が少く氣候も溫和である。太平洋方面は暖流の影響(えいきやう)があるので、これら二地方より氣溫が高く、夏季は南東風のために雨量が多い。

四　産業

中國地方の牧牛

産業は一般に瀬戸内海方面が盛で、他の二方面は餘り振るはない。

農業・牧畜業・林業

農産物の中、主なものは米と麥で、多く瀬戸内海方面に産する。また、この方面には疊表(たゝみおもて)の原料となる藺(ゐ)が出來る。

中國地方は牧畜が盛で、殊に廣島と岡山の牛は名高い。

太平洋方面は、氣溫が高く雨量が多いので、樹木が繁茂し林産物の産額が多い。

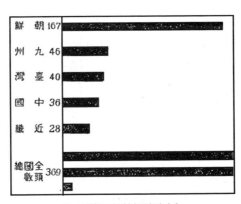

牛の頭數の比較(昭和九年)

鑛業

山口縣の宇部(うべ)からは石炭を產し、愛媛縣の別子(べつし)鑛山からは銅を產する。別子鑛山は我が國屈指の大鑛山で、その鑛石は、瀬戸內海の四坂(しさか)島で製錬される。

香川縣の鹽田

水産業	近海は一般に漁業が盛で山口縣のたひ、隱岐(おき)のするめ、廣島灣のかき、高知縣のかつをぶしは有名である。またこの地方から、朝鮮近海に出漁するものが多いので、下關は水産物の集散がはなはだ盛である。 　瀬戸內海沿岸は、雨量が少く晴天の日が多いから、各所の砂濱は塩田に利用され、我が國での主な製塩地帯となつてゐる。香川縣の坂出(さかいで)と、山口縣の防府(はうふ)は製塩業の最も盛な所である。製法は朝鮮の如き天日製塩ではない。  瀬戸內海沿岸地方の塩の産額比較(昭和九年)
工業	瀬戸內海方面では、沿岸の各地方に近年工業が大に發達し、岡山から倉敷(くらしき)を經て三原(みはら)に至る地方は、綿絲・綿織物・人造絹絲の産が多い。また福山(ふくやま)・尾道(をのみち)附近には、畳表・花筵(はなむしろ)・麥稈眞田(ばくかんさなだ)等を産する。太平洋方面の各地では、みつまた・かうぞを原料にして和紙を製造してゐる。

五　交通

陸上の交通

日本海方面には山陰本線があつて、山陽本線と連絡してゐるが、太平洋方面は鐵道が少いので、陸上の交通はやゝ不便である。中國の瀬戸內海方面は、土地が開けて、產業も盛であるから、交通は最も便利である。山陽本線は東海道本線と接續して、我が國鐵道の幹線の一部をなし、岡山や廣島等この方面の主な都會を通つて下關に達してゐる。

四國の瀬戸內海方面には高松・松山等の主要都市を連ねる鐵道があり、また四國山脈を横ぎつて高知に至る鐵道もある。

下關海峽の貨車航送船

下關と下關海峽を隔てゝ向かひあつてゐる門司との間には、鐵道連絡船がひんぱんに往來して、本州と九州の鐵道とを連絡してゐる。また近く海底トンネルも開通される豫定である。

　　下關は朝鮮と內地の連絡上最も重要な港で、釜山との間の鐵道連絡船は、本州及び九州の鐵道と京釜本線とを連絡してゐる。また岡山の南にある宇野(うの)と高松との間にも、鐵道連絡船が往來してゐる。

關　釜　連　絡　船

海上の交通
　　日本海と太平洋の兩方面は良港が少いので、海上の交通は不便である。瀨戶內海方面は、古來我が國に於ける海上交通の要路で、東には大阪と神戶、西には下關や門司(もじ)をはじめ、北九州の工業地帶をひかへてゐるため、內外の汽船が常に往來してゐる。

六　住民・都邑

日本海方面
　　日本海方面の主な都會は、鳥取と松江(まつえ)で、何れも縣廳の所在地である。境(さかひ)は、この方面第一の港で、大社(たいしや)には出雲大社(いづものおほやしろ)がある。

| 瀬戸内海方面 | 　瀬戸内海の沿岸地方は、産業が發達し、交通も便利でよく開けてゐるから、人口の密度も大で、都會も多い。
　岡山・廣島・山口・高松・松山はそれぞれ縣廳の所在地である。
　岡山は、旭川(あさひがは)の下流平野にあつて、交通の要路に當り、商工業が盛である。岡山の西の尾道は、昔から知られた港で、商業が盛である。

嚴　島　神　社
　廣島は大田(おほた)川の川口にある良港で、海陸の交通が便利であり、商業も盛で、人口およそ三十萬、中國第一の大都會である。廣島灣內の嚴島(いつくしま)は景色がよくまた嚴島神社があるので名高い。吳(くれ)は軍港によつて發達した所、德山(とくやま)には海軍燃料廠(ねんれうしやう)があつて平壤附近の無煙炭は多くこゝへ送られる。下關は本州の西端にある交通上の要地で、商業も盛である。 |

	高松は、交通上の要地で、商業も盛であり、その西には丸龜(まるがめ)・多度津(たどつ)・琴平(ことひら)等の都邑がある。琴平には金刀比羅宮(ことひらぐう)がある。松山は平野の中心で、近くに高濱(たかはま)の港をひかへ、東にある道後(だうご)は、名高い溫泉地である。
太平洋方面	太平洋方面は、平野も少く交通もやゝ不便で人口の密度は少い。縣廳所在地の德島と高知が主な都邑である。德島は、吉野川下流の平野に發達した都會で、商業が盛である。

初等地理　卷一　終

昭和十五年三月十二日翻刻印刷
昭和十五年三月十五日翻刻發行

初等地理一 と

定價金十九錢

著作權所有

著作兼發行者　朝鮮總督府

翻刻印刷發行兼者　京城府大島町三十八番地　朝鮮書籍印刷株式會社　代表者　井上主計

發行所　京城府大島町三十八番地　朝鮮書籍印刷株式會社

朝鮮總督府編纂（1941）

『初等地理』

（卷二）

初等地理

卷二

朝鮮總督府

目錄

1941년『初等地理』卷二

第十　九州地方 …………………………………………………… 183
　　　一　位置・區域 …………………………………………… 183
　　　二　地形 ……………………………………………………… 183
　　　三　氣候 ……………………………………………………… 187
　　　四　產業 ……………………………………………………… 187
　　　五　交通 ……………………………………………………… 191
　　　六　住民・都邑 …………………………………………… 192
　　　七　薩南諸島・琉球列島 ………………………………… 194
第十一　臺灣地方 …………………………………………………… 195
　　　一　位置・區域 …………………………………………… 195
　　　二　地形 ……………………………………………………… 195
　　　三　氣候・生物 …………………………………………… 198
　　　四　產業 ……………………………………………………… 199
　　　五　交通・商業 …………………………………………… 204
　　　六　住民・都邑 …………………………………………… 206
第十二　我が南洋群島 …………………………………………… 208
第十三　關東州 …………………………………………………… 210
第十四　日本總說 ………………………………………………… 214
第十五　滿洲 ……………………………………………………… 239
第十六　中華民國 ………………………………………………… 252
　　　一　總論(一) …………………………………………… 252
　　　二　支那 ……………………………………………………… 253
　　　三　蒙疆その他の地方 ………………………………… 261
　　　四　總論(二) …………………………………………… 264
第十七　アジヤ＝ヨーロッパ大陸 …………………………… 268
　　　一　總論(一) …………………………………………… 268
　　　二　アジヤ洲 ……………………………………………… 273
　　　　　(一)　シベリヤ …………………………………… 273

　　　　（二）　南東アジヤ …………………………………… 277
　　　　（三）　印度 ………………………………………………… 281
　　　三　ヨーロッパ洲 ……………………………………………… 284
　　　　（一）　イギリス …………………………………………… 284
　　　　（二）　フランス …………………………………………… 286
　　　　（三）　ソビエト聯邦 …………………………………… 288
　　　　（四）　ドイツ ……………………………………………… 290
　　　　（五）　イタリヤ …………………………………………… 292
　　　四　總論（二） ……………………………………………… 294
　第十八　アメリカ大陸 ………………………………………… 301
　　　一　總論（一） ……………………………………………… 301
　　　二　北アメリカ洲 …………………………………………… 305
　　　　（一）　アメリカ合衆國 ………………………………… 305
　　　　（二）　カナダ ……………………………………………… 311
　　　三　南アメリカ洲 …………………………………………… 313
　　　　（一）　ブラジル …………………………………………… 313
　　　　（二）　アルゼンチン …………………………………… 316
　　　　（三）　チリー ……………………………………………… 317
　　　四　總論（二） ……………………………………………… 318
　第十九　太平洋 ………………………………………………… 322
　　　一　總論（一） ……………………………………………… 322
　　　二　オーストラリヤ大陸及び諸島（大洋洲） ………… 322
　　　三　總論（二） ……………………………………………… 327
　第二十　アメリカ大陸 ………………………………………… 329
　第二十一　日本と世界 ………………………………………… 332
　第二十二　地球の表面 ………………………………………… 335

插畫目錄

　第十　九州地方
　　　九州地方の位置 ……………………………………………… 183
　　　九州地方の地形の略圖と斷面圖 ……………………… 184

阿蘇山の噴火口 ……………………………… 186

九州炭田の分布 ……………………………… 188

九州炭の輸送路 ……………………………… 189

別府溫泉 ……………………………………… 189

本邦製鐵原料鐵鑛産地 ……………………… 190

有田にある陶器製造場 ……………………… 191

高千穂の峯 …………………………………… 192

霧島神宮 ……………………………………… 193

琉球の榕樹 …………………………………… 194

臺灣の位置 …………………………………… 195

臺灣地方の地形の略圖と斷面圖 …………… 196

新高山 ………………………………………… 197

東海岸の斷崖 ………………………………… 197

高雄の一農家とびんらうじ ………………… 198

臺灣の主な農産物の産額の比較 …………… 199

朝鮮・臺灣に於ける米産額增減表 ………… 200

さたうきびの收穫 …………………………… 200

製茶工場 ……………………………………… 201

灌漑用の貯水地 ……………………………… 201

基隆港のバナナの積出し …………………… 202

水牛 …………………………………………… 202

阿里山のひのき ……………………………… 203

粗製樟腦工場 ………………………………… 203

製糖工場 ……………………………………… 204

臺灣總督府命令航路 ………………………… 205

臺灣神社 ……………………………………… 206

土人の部落 …………………………………… 207

南洋の部落 …………………………………… 208

燐鑛の採取 …………………………………… 209

第十三　關東州

旅順港 ………………………………………… 210

表忠塔 ………………………………………… 211

大連港埠頭の入口 ················· 211

大連 ···································· 212

豆粕の積出し ······················· 213

第十四　日本總說

日本山系圖 ·························· 214

日本區劃圖 ·························· 215

富士川 ································· 216

米の生産分布圖 ···················· 218

麥の生産分布圖 ···················· 219

我が國の主な農産物の比較 ········ 220

大豆の生産分布圖 ················· 221

繭の生産分布圖 ···················· 222

我が國の主な鑛産物の産額の比較 ··· 224

我が國の主な金産地の金の産額の比較 ··· 225

石炭・石油の分布圖 ··············· 225

我が國の主な銅産物の産額の比較 ··· 226

朝鮮・樺太に於ける水産物の增加表 ··· 227

かに工船內の作業 ················· 227

我が國の主な工業品の産額の比較 ··· 229

各種の織物類の産額の比較 ········ 229

我が國に於ける水力發電所の分布圖 ··· 229

綿織物の生産分布圖 ··············· 230

最新式蒸氣機關車 ················· 231

自動車の分布圖 ···················· 232

我が太平洋航路のアルゼンチン丸 ··· 233

旅客飛行機 ·························· 234

ラヂオの放送所 ···················· 235

主な貿易品の貿易額の比較 ········ 235

主な貿易取引先とその貿易額の比較 ··· 236

主な開港場の貿易額の比較 ········ 236

主な開港場の輸出入額の比較 ······ 237

我が國の人口分布圖 ··············· 237

第十五　満洲

　　満洲の地形の略圖の斷面圖 ·· 239

　　大豆の生產分布圖 ·· 240

　　たうもろこしの分布圖 ·· 241

　　新京に於ける大豆の野積み ·· 242

　　粟の生產分布圖 ·· 242

　　高粱の生產分布圖 ·· 243

　　米の生產分布圖 ·· 244

　　安東の滿洲人の筏流し ·· 244

　　撫順炭坑の露天堀 ·· 245

　　營口港 ·· 247

　　龍井街の市場 ·· 247

　　新京の市街 ·· 249

　　奉天の市街 ·· 249

　　ハルピンの市街 ·· 250

第十六　中華民國

　　中華民國の地形の略圖 ·· 252

　　保定の棉花集積 ·· 254

　　山東塩の山 ·· 254

　　北京の正陽門 ·· 255

　　靑島 ·· 256

　　黃河の鐵橋 ·· 257

　　上海港 ·· 257

　　南京の埠頭 ·· 258

　　漢口と揚子江 ·· 258

　　大冶鐵山 ·· 259

　　漢陽にある製鐵所 ·· 259

　　香港 ·· 260

　　廣東 ·· 260

　　蒙古聯合自治政府地域圖 ·· 261

　　ゴビ沙漠と隊商 ·· 261

　　龍煙鐵鑛 ·· 262

大同炭坑 ……………………………………… 262
蒙疆の部落 …………………………………… 263
包頭に於ける皮筏 …………………………… 263
我が國と中華民國との貿易品の貿易額 ……… 265

第十七 アジヤ＝ヨーロッパ大陸

アジヤ＝ヨーロッパ大陸の地形の略圖 ……… 268
ヒマラヤ山脈 ………………………………… 269
アルプ山脈 …………………………………… 270
中部ヨーロッパ洲の可航河川及運河 ………… 271
中央アジヤの草原 …………………………… 271
黑龍江 ………………………………………… 273
凍原ととなかい ……………………………… 274
我が國人の漁業 ……………………………… 275
ウラジボストック …………………………… 275
ノボシビルスク ……………………………… 276
樺太の油田 …………………………………… 276
ゴム液の採集 ………………………………… 278
スマトラ島の土人の家 ……………………… 278
マニラ麻の乾場 ……………………………… 279
我が國へ輸入される粗糖 …………………… 279
マニラ ………………………………………… 280
フィリピンのタバオに於ける日本人市街 …… 280
世界に於ける綿の產額の比較 ……………… 281
印度の茶摘 …………………………………… 282
カルカッタ港 ………………………………… 282
ボンベー ……………………………………… 283
我が國へ輸入される綿 ……………………… 283
バーミンガム ………………………………… 284
ロンドンの市街 ……………………………… 285
リバプール …………………………………… 286
フランスのぶだう畑 ………………………… 287
オリープの收穫 ……………………………… 287

パリーの市街 ……………………………… 288

ロシヤの農場 ……………………………… 289

モスコーの市街 …………………………… 289

ノルウェーの漁港 ………………………… 290

甜菜畑と甜菜 ……………………………… 291

ベルリンの市街 …………………………… 291

オランダの風景 …………………………… 292

ローマの市街 ……………………………… 293

ネープルス港 ……………………………… 293

アルプ山中ノケーブルカー ……………… 294

世界に於ける石炭の産額の比較 ………… 295

中部ヨーロッパに於ける石炭と鐵鑛の主な産地 ……… 296

世界に於ける銑鐵の産額の比較 ………… 296

ハンブルグ ………………………………… 297

アジヤ＝ヨーロッパ大陸の交通の略圖 … 298

スエズ運河 ………………………………… 299

第十八　アメリカ大陸

アメリカ大陸の地形の略圖 ……………… 301

ロッキー山脈 ……………………………… 302

アンデス山脈 ……………………………… 303

ナイヤガラの瀑布 ………………………… 304

合衆國に於ける小麥の收穫 ……………… 305

アメリカ合衆國に於ける自動車の工場 … 307

ニューヨーク港 …………………………… 307

ワシントン ………………………………… 308

世界に於ける綿の産額の比較 …………… 309

棉の集積 …………………………………… 309

サンフランシスコ港 ……………………… 309

アメリカ合衆國の太平洋沿岸の油井 …… 310

我が國との主な貿易品の貿易額の比較 … 310

合衆國の太平洋沿岸に在住する我が國人の農園 ……… 311

ニューフォンドランドの漁港 …………… 311

バンクーバー港 ……………………………………… 312

アマゾン河の沿岸の密林 ……………………………… 313

コーヒーの收穫 ………………………………………… 314

リオデジャネーロ港 …………………………………… 314

サンパウロ ……………………………………………… 315

サントス港 ……………………………………………… 315

南米に於ける我が國人の村 …………………………… 316

ブェノスアイレス港 …………………………………… 317

チリーの銅山 …………………………………………… 317

アメリカ大陸の交通の略圖 …………………………… 319

パナマ運河 ……………………………………………… 320

大西洋航路の大きな汽船 ……………………………… 320

第十九　太平洋

珊瑚礁を持つた火山島 ………………………………… 322

ホノル、港 ……………………………………………… 323

オーストラリヤに於ける牧羊 ………………………… 324

世界に於ける羊毛の産額の比較 ……………………… 324

羊毛の刈取り …………………………………………… 325

シドニー港 ……………………………………………… 326

ニュージーランドの火山 ……………………………… 326

太平洋に於ける列强の勢力 …………………………… 327

第二十　アフリカ大陸

サハラの沙漠 …………………………………………… 329

ナイル川の洪水とピラミッド ………………………… 330

南アフリカ聯邦の金山 ………………………………… 331

第二十一　日本と世界

主要國の汽船(百噸以上)の隻數と噸數 ……………… 333

第二十二　地球の表面

緯線・經線・經緯線 …………………………………… 336

晝夜・四季の表はれ方 ………………………………… 337

日附變更線 ……………………………………………… 338

氣候帶 …………………………………………………… 339

『初等地理』 巻二

第十 九州地方

一 位置・區域

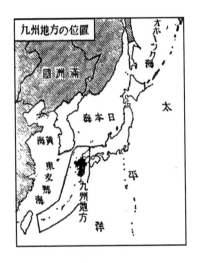

九州地方の位置

九州地方は、中國及び四國地方の南西に位し、九州島及びその近海の島々と、琉球列島とをふくむ。福岡(ふくをか)・佐賀(さが)・長崎(ながさき)・熊本(くまもと)・鹿兒島(かごしま)・宮崎(みやざき)・大分(おほいた)・沖繩(おきなは)の八縣が、その區域である。

二 地形

北部には、中國山脈のつゞきの筑紫(つくし)山脈が走り、南部には四國山脈のつゞきの九州山脈が走つてゐる。筑紫山脈は一體に低く、所々が切られてゐて、その間に

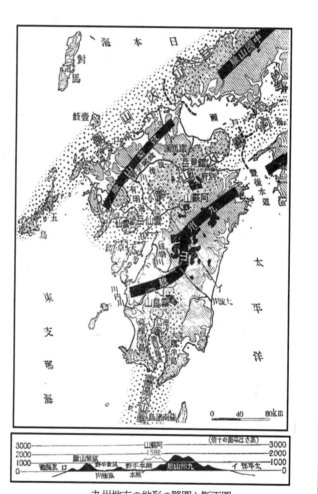

九州地方の地形の略圖と斷面圖

低地をはさんでゐる。九州山脈は、高くて山もけはし
く、本島の主な分水嶺になつてゐる。

阿蘇山の噴煙

阿蘇山の噴火口

この二つの山脈の間には、阿蘇(あそ)火山脈が東西に通つてゐて、その中に、鶴見岳(つるみがだけ)・雲仙(うんぜん)岳・阿蘇山等の火山があり、別府(べつぷ)や雲仙等の有名な溫泉や、耶馬溪(やばけい)の名勝がある。阿蘇山は諸外國にも例がないほどの大きな舊火口を有し、中央に數箇の新しい火口丘(きう)ができてゐて、今なほ煙をはいてゐるものもある。中央の火口丘と舊火口壁(へき)の間は、廣い平地で農業や牧畜が行はれ鐵道も通つてゐる。

　九州山脈の南部には、霧島火山脈が南北の方向に走つてゐて、霧島山や櫻島等の火山がある。この火山脈は、更に南へ延(の)びて、薩南(さつなん)諸島につゞいてゐる。

　川は源をこれらの山地に發し、流域にそれぞれ平野を

作つてゐる。筑後(ちくご)川の流域には、九州で最も廣い筑紫平野があり、またその南の白(しら)川の流域には熊本平野がある。球磨(くま)川は、けはしい九州山脈の間を流れるので、流が急で、流域には平野が少い。

| 海岸 | 海岸線は一般に出入が多い。ことに北西部には、いたる所に灣入(わんにふ)があり、また島が多く、博多(はかた)灣・肥前(ひぜん)半島・有明(ありあけ)海等がある。北西部と朝鮮の間には、壹岐(いき)・對馬(つしま)の二島と、對馬・朝鮮の二海峽がある。南部には、大隅(おほすみ)と薩摩(さつま)の二半島が鹿兒島灣を抱き、薩南(さつなん)諸島と琉球(りうきう)列島が列をなして、九州島と臺灣島の間に連なつてゐる。 |

三　氣候

九州地方はその位置が南にある上、暖流の影響も大きいので、一般に溫暖である。ことに九州山脈の南にある鹿兒島と宮崎地方は、氣溫が高く、雨量も多く、四國の太平洋方面と似てゐる。琉球列島は、これらの諸地方よりも著しく溫暖で、ほとんど雪が降らない。

四　産業

| 農業 | 筑紫平野と熊本平野は、九州地方の主な農業地で、米と麥を多く產し、中部や南部の畑からは甘藷(さつまいも)がたくさんとれる。そのほか筑紫平野のなたね、鹿兒島縣の煙草が有名である。 |

林業・牧畜業	南部の山地には、木材を多く產し、所々に木炭ができる。阿蘇山や霧島山の裾野には、馬の牧畜が盛で、南部の列島地方には、豚(ぶた)が飼(か)はれてゐる。 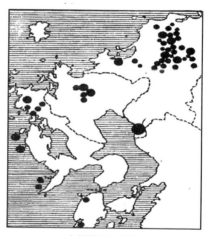 九州炭田の分布
鑛業	北部地方は、我が國で最も重要な石炭の產地で、福岡縣は我が國の石炭總產額の約二分の一を產する。遠賀(をんが)川流域の筑豐(ちくほう)炭田と、有明海沿岸の三池(みいけ)炭田が有名である。筑豐炭田から出る石炭は、主に若松(わかまつ)・門司(もじ)の二港から、三池炭田から出る石炭は主に三池港から、內外各地に積出される。三池港は、有明海が淺くて潮の滿干の差が大きいから、仁川のやうに閘門を設けてゐる。大分と鹿兒島の二縣は、我が國屈指の金產地で、佐賀關(さがのせき)には規模の大きい製錬所があつて、金のほかに銅や銀も製錬してゐる。

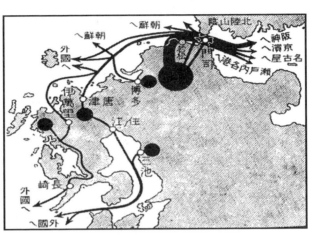

九州炭の輸送路

水産業

　近海は、一般に漁業が盛で、ことに北西部の半島や島の多い地方には、いわし・ぶり・いか等がたくさんとれる。またこの地方から遠洋に出漁するものも多い。水産製造物では長崎縣のするめ、鹿兒島縣のかつをぶしが名高い。

別　府　溫　泉

工業	北部は、石炭の大産地をひかへ、海陸の交通も開けて、原料や製品の集散に便利であるから、各地に工業が發達し、下關海峽から洞海(くきのうみ)の沿岸に至る一帶の地は、我が國の一大工業地帶をなし、あまたの大工場が立並んでゐる。製品の主なものは鐵・機械・セメント・砂糖・工業藥品・硝子等で、中でも鐵は主に八幡(やはた)にある製鐵所で製錬され、産額は我が國の總産額の過半を占めてゐる。この製鐵所で原料に用ひる鐵鑛は、主に朝鮮・支那・マレー半島から運ばれる。 　このほか有田の陶器、長崎の造船、久留米(くるめ)の絣(かすり)、大分縣の疊表(たゝみおもて)等も名高い。また各地に紡績業も盛である。 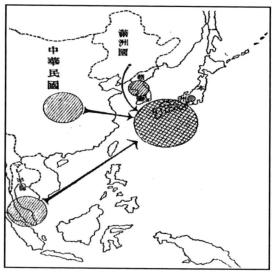 本邦製鐵原料鐵鑛産地 總額二百三十一萬瓲(昭和九年)

陸上の交通	## 五　交通 　交通は、水陸共に北部が特によく開けてゐる。鐵道は門司を起點として各地に通じてゐる。鹿兒島本線は門司から小倉(こくら)・福岡・熊本等をへて、本島の西海岸に沿うて鹿兒島に至つてゐる。日豐(につぽう)本線は小倉から分れて大分・宮崎・都城(みやこのじやう)等の東海岸の都市を連ねて、鹿兒島に至つてゐる。

有田にある陶器製造場

　このほか主な鐵道には、北部の半島部を通ずる長崎本線と、中央部の山地を横ぎる久大(きうだい)線・豐肥(ほうひ)線・肥薩(ひさつ)線等がある。

海上の交通	北部の海岸は、天然の良港が多い上に、商工業が發達し、位置も海外交通の要路に當つてゐるから、海上の交通はひんぱんで門司・若松・長崎の諸港には、常に內外

の汽船が往來してゐる。中でも門司は、瀬戸内海の入口にあり、かつ石炭の供給地であるから、汽船の出入が極めて多い。鹿兒島は、南方の諸島との連絡港である。

空の交通

福岡は航空路の要地で、こゝから大阪・東京方面、靑島(せいたう：ちんたお)・天津(てんしん)方面、上海(しやんはい)・南京(なんきん)方面及び臺灣・廣東・バンコク方面との間に定期航空路が開けてゐる。

通信

長崎と佐世保(させぼ)の附近からは、對岸の大陸に向かつていくつもの海底電線が出てゐる。中でも、ウラジボストックに至るものと、上海に至るものとは、それぞれ世界海底電線の幹線であつて、遠くヨーロッパに通じてゐる。

六　住民・都邑

高　千　穂　の　峯

九州島の海岸の平地は、一般に人口が密で、都會が多い。中でも北部の工業地帯には門司・小倉・戸畑(とばた)・若松・八幡等の工業都市が、ほとんど一都市のやうに連續してゐる。またこのほか福岡・久留米・佐賀・佐世保・長崎・大牟田(おほむた)等の都市がある。熊本は中央部、鹿兒島は南部の中心地で、東海岸には別府・大分・宮崎等の都市がある。これらの都市の中で、福岡・佐賀・長崎・熊本・大分・宮崎・鹿兒島はいづれも縣廳の所在地である。

霧 島 神 宮

福岡は人口約三十萬、九州第一の都會で、商工業が發達してゐる。またこゝには、九州帝國大學がある。附近の雁の巣には福岡第一飛行場があつて日本の空の關門をなしてゐる。長崎は、早くから開けた港で、大きな造船所があり、佐世保には軍港がある。

七　薩南諸島・琉球列島

琉球の榕樹(ようじゅ)

　薩南諸島の主な島は大島で、琉球列島の主な島は沖繩島である。これらの地方は、位置が南方にあつて、熱帶に近く、その上、暖流の影響を受けるため、氣候ははなはだ溫暖で雨量が多く、さたうきびや甘藷が盛に栽培されてゐる。沖繩縣は、粗糖の產額が內地第一である。

　沖繩島には那覇(なは)と首里(しゆり)の二つの都會がある。那覇は琉球列島第一の良港で、縣廳の所在地である。

第十一　臺灣地方

一　位置・區域

臺灣の位置

臺灣地方とは、臺灣島と澎湖(はうこ)諸島及び新南群島を云ふ。臺灣島は我が國の南西部に位し、西は臺灣海峽を隔てて支那と相對し、南はバシー海峽を隔てて、フィリピン群島と向かひあつてゐる。

二　地形

臺灣島は、ほゞ南北に長い島で、東部は大てい山地であるが西部には平地が多い。

東部地方

東部の山地には、高い山脈がいくつも並んで、南北に連なつてゐて、地形が極めてけはしい。その主脈は臺灣山脈で、本島の大分水嶺をなしてゐる。その中には、富士山よりも高い山々がいくつもある。中でも新高(にひたか)山は、高さが約三千九百五十メートルもあつて、我が國第一の高山である。

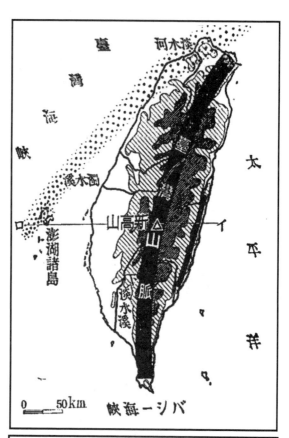

臺灣地方の地形の略圖と斷面圖

新 高 山

東海岸の斷崖

臺灣山脈の東の方は、山地が急に海にせまつてゐるので、大きな川もなければ、平野も少い。たゞ海岸山脈と臺灣山脈との間に、細長い低地があるのみである。

海岸線は出入に乏しく、絶壁（ぜつぺき）になつてゐる所が多い。

西部地方	臺灣山脈の西の方は東側よりも傾斜がよほどゆるやかで、次第に廣い平野になつてゐる。淡水(たんすゐ)河・濁水(だくすゐ)溪下淡水溪(かたんすゐけい)等は、西部の平野を流れてゐる主な川で、昔はしばしば氾濫(はんらん)したが、今は工事をほどこしたため、その害(がい)が少い。 　海岸線は出入に乏しいが、東海岸と異なつて、平野がゆるやかに海に傾いてゐて、砂濱が多く、遠淺である。西部の臺灣海峽に澎湖諸島がある。

三　氣候・生物

　臺灣地方は、日本列島中最も南にある。その上、近海に暖流が流れてゐるので、氣候は年中暖かく、四季の區別は內地や朝鮮ほどはつきりしない。雨量は一般に多い。

高雄附近の一農家とびんらうじ

臺灣島の南半は、熱帯に入つてゐるから、低地には、熱帯植物のがじまる・びんらうじ・くすのき等が繁茂してゐる。高地は割合に氣溫が低く、大きなひのきもよく育つてゐる。動物には、內地や朝鮮で見ることの出來ない水牛がゐる。

農業

四　產業

產業は、平野も廣く、交通も便利な西部地方が一般に盛で、我が國の領土になつてから急に發達した。

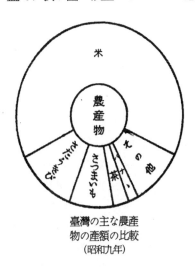

臺灣の主な農産
物の産額の比較
(昭和九年)

農業は、臺灣の最も重要な產業で、米・さたうきび・甘藷・茶・バナナ・落花生(らつくわせい)等を多く產する。米は農產物中第一位を占め、氣溫が高くて、雨量が多いため、年に二回づつ收穫(しうくわく)され、內地に移出される額も少くない。茶は、主として北部の丘陵地に產し、さたうきびは、中部及び南部の平地に栽培される。最近米やさたうきびの栽培のため大規模の貯水池や用水路が設けられてゐる。

牧畜業	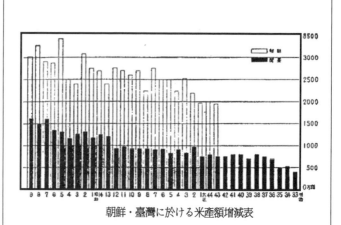<div align="center">朝鮮・臺灣に於ける米産額増減表</div>家畜には、水牛や豚等が飼(か)はれてゐる。豚は全國總頭數の約半ばに達してゐる。水牛は耕作や運搬に使はれてゐる。<div align="center">さたうきびの收穫</div>

製 茶 工 場

<table>
<tr><td>林業</td></tr>
</table>

山地には大森林があつて、ひのきとくすのきは特に有名である。阿里山(ありさん)では、盛にひのきの良材を伐出し、鐵道で嘉義(かぎ)に輸送する。嘉義には大きな製材所がある。

灌漑用の貯水池

鑛業　鑛産物の主なものは石炭・金・石油で、石炭と金は北部に、石油は中部に産する。

	基隆港のバナナの積出し
水産業	近海では、かつをやたひ等がとれ、西部の海岸では、砂濱を利用して天日製塩を行つてゐる。

	水　牛
工業	工業は、農業と林業に關するものが主で、南部の嘉義附近をはじめ各地の製糖、北部の製茶、山地の樟腦(しやうなう)及び樟腦油の製造が世に知られてゐる。中でもさたうは本島第一の工産物で、近年その産額が大いに増加

し、多く内地に送られる。樟脳は本島の特産物として名高い。その他、アルコール・セメント・肥料等の工業も、おひおひ盛になつてゐる。

阿里山のひのき

粗製樟脳工場

製 糖 工 場

五 交通・商業

陸上の交通

西部の平野は、鐵道の便が大いに開けてゐて、基隆(き
いるん)から高雄(たかを)に至る縱貫線が通じ、これにあ
またの鐵道が連絡してゐる。

東部の平野にも、鐵道が南北に通じてゐるが、臺灣山
脈が高いため、これを横ぎつて東西を連絡する鐵道は、
まだ開けてゐない。

海上の交通

地形の關係で、良港が少い。從つて、海上の交通は不
便である。しかし北部の基隆と、南部の高雄は、港とし
ての設備がよくとゝのひ、船の出入が便利である。基隆
は内地へ、高雄は支那・南洋方面への交通がひんぱんで
ある。このほかに、西海岸には、支那のために特別に開
いた港がある。

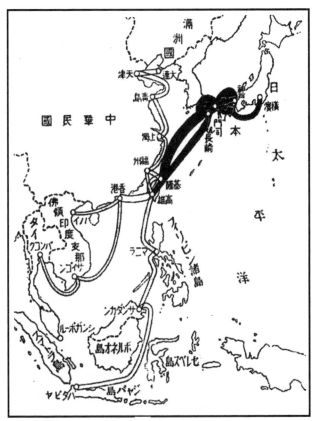

臺灣總督府命令航路

　これらの港からは、砂糖・茶・樟脳等が、內外の各地
へ送られる。

空の交通　　臺北には飛行場があつて、福岡及び島內各地との間に
定期航空路が開けてゐる。

六　住民・都邑

　西部の平野は、産業が發達し、交通も便利であるから、人口が割合に多く、住民の總數五百二十餘萬の中、約十分の九は、この地方に住んでゐる。從つて都邑も多く、主なものは、鐵道の幹線に沿うてゐる。基隆は臺灣の門戶で、船の出入が多く、商業が盛で、內地との關係が深い。臺北(たいほく)は人口二十七萬餘、臺灣第一の都會で、臺灣神社をはじめ、臺灣總督府・臺灣軍司令部・臺北帝國大學・臺灣銀行等がある。新竹(しんちく)・臺中(たいちゆう)・嘉義・臺南(たいなん)・高雄・屏東(へいとう)等は、それぞれ、地方の中心地をなしてゐる。

臺　灣　神　社

　東海岸には花蓮港(くわれんかう)・臺東(たいとう)等がある。

土人の部落

澎湖諸島　澎湖諸島は、岩の多い低い島々で、澎湖島の馬公(まこう)は國防上重要な位置にあるので、海軍の要港となつてゐる。

新南群島　新南(しんなん)群島は新しく日本の領土となつた所で、南支那海の遙か南方にある小さい島々で、米・佛・蘭の領土と向かひあひ、交通・軍事上極めて重要な所である。

第十二　我が南洋群島

區域

　南洋群島は、もとドイツ領であつた赤道の北にある島々、即ちカロリン諸島とマーシヤル諸島の全部と、マリヤナ諸島の大部分で、世界大戰の結果、我が國が統治するやうになつた所である。島の數はおよそ二千五百もあるが、面積は約二千平方キロメートルで、人口總數は約十萬に過ぎない。しかし群島を取りまく領海は交通・軍事上極めて重要な所である。この群島を治める南洋廳は、コロール島にある。

南洋の部落

產業

　この群島は、臺灣より更に南に位し、全部熱帶內にあるので、四季の別がなく、氣溫は年中高い。さたうきびの栽培が盛で、製糖業はこの群島第一の產業である。その他の主な產物は、コプラと燐礦(りんくわう)で砂糖と共に多く內地へ送られる。

燐礦の採取

　主な島々と内地との間には定期に汽船が往來してゐる。また東京との間に定期航空路も開かれてゐる。

第十三　關東州

區域・住民	關東州は、滿洲の遼東(れうとう)半島の南端部にある。面積は約三千五百平方キロメートルで、人口百十餘萬、その中、我が國人は約十七萬である。

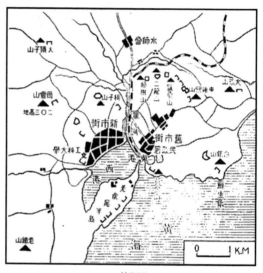

旅順港

地形	州內は、山が多くて平地が少ない。海岸線は出入が多く、黃海の沿岸には、旅順(りよじゅん)・大連の二港がある。
產業	農業の外、近海では漁業が行はれ、所々の砂濱では、天日製塩が行はれてゐる。また近年大連附近には工業がいちじるしく盛になつて來た。
都邑	旅順は、港口が狹く、港內も淺いので、港としては大連に及ばないが、三方山にかこまれてゐる自然の要害(え

うがい)地で、海軍の要港になつてゐる。附近には、明治
二十七八年と同三十七八年の兩戰役に關する名高い戰跡
が多い。

表忠塔(へうちゆうたう)

大連港埠頭の入口

　大連は、政治の中心地で人口およそ四十萬、關東州廳がある。また滿洲の門戶で、世界交通の要路にあたつてゐる。灣內は廣くて深く、港の設備がよくとゝのひ、年中、船舶(せんぱく)の出入が多く、內地・朝鮮及び支那の諸港との海上交通が便利である。

大　連

　この地を起點とする我が南滿洲鐵道は、京濱線と連絡し、世界の鐵道の幹線の一部となつてゐる。滿洲の重要輸出品の豆粕(まめかす)・大豆・石炭・豆油は、主にこゝから內地・朝鮮及び支那へ積出され、滿洲の重要輸入品である綿織物・綿絲・麥粉・雜貨等は、多く我が內地からこゝを經て滿洲の各地へ送られる。その貿易額は、滿洲の總貿易額の二分の一以上を占めてゐる。また、豆粕の製造が盛である。市街は建物が壯麗で、道路は中央の大廣場から放射狀(はうしやじやう)に出てゐる。

豆粕の積出し

　附近には大連飛行場があつて、我が内鮮満連絡の航空路はこゝに至り、さらに、満洲・支那の航空路と連絡してゐる。

第十四　日本總說

地形

　日本列島は一般に山がちである。ことに本州の中央部は土地が極めてけはしく、三千米以上の山もあつて日本列島の屋根ともいはれてゐる。主な山脈は、ここから北東、または南西に向かつて列島を縦に走り、相連なつて、いくつもの山系(さんけい)をなし、列島の大分水嶺をなしてゐる。北東に向かふ主な山脈は、三國山脈・奧羽山脈・蝦夷(えぞ)山脈・樺太山脈等で一つの山系をなしてゐる。

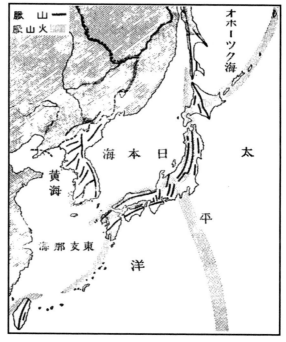

日本山系圖

南西に向かふ主な山脈には、飛驒山脈・中國山脈・筑紫山脈等の如く列島の内側を走るものと、赤石山脈・紀伊山脈・四國山脈・九州山脈・臺灣山脈等の如く、列島の外側を走るものとの、二つの山系がある。

　朝鮮半島には、滿洲との國境に沿うて長白山脈があり、南には日本海沿岸に太白山脈がある。これらの山脈は、前に述べた山系とは別(べつ)の系統(けいとう)に屬するものである。

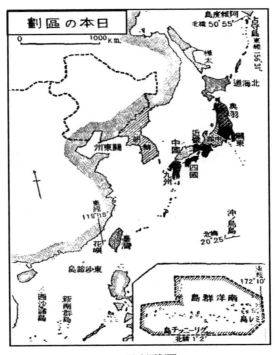

日本區劃圖

　我が國は有名な火山國で、火山脈は、多く山系に沿うて列島を縱に走り、北東部には、千島火山脈や那須火山脈等があり、南西部には、白山火山脈・阿蘇火山脈・霧島火山脈等がある。ただ富士火山脈のみは、本州の中央部を横ぎり、遠く太平洋中に延(の)びてゐる。これらの火山脈中には、姿のすぐれて美しい富士山をはじめ、圓錐形(ゑんすゐけい)の火山が多い。また淺間山や阿蘇山の如く、たえず煙をはいてゐるものもある。これらの火山地方は、一般に景色が美しいばかりでなく、所々に温泉も湧出してゐて遊覽や保養に適する所が多い。日本列島は火山が多いばかりでなく、土地の成立が複雜(ふくざつ)であるから地震も多く、世界の主な火山地帶や地震地帶となつてゐる。

富　士　川

	日本列島や朝鮮半島はともに縱に走つてゐる山系が大分水嶺をなしてゐるから、川は大たい、太平洋方面のものと、日本海方面・黄海方面・東支那海方面のものとに分れて一般に短く、急流が多いので舟運は餘り發達してゐないが水力發電(すゐりよくはつでん)にはよく利用せられてゐる。

平野は、川の下流や川口附近の海岸に割合廣いものがある。關東平野・越後平野・濃尾平野・筑紫平野・石狩平野、朝鮮の南西部の平野、臺灣の四部の平野等が主なものである。

我が國の海岸線は一般に屈曲(くつきよく)に富んでゐる。ことに瀬戸内海をはじめ、北九州や朝鮮の南部がはなはだしい。しかし、北海道のオホーツク海の沿岸や朝鮮と臺灣の東海岸のやうに、割合に單調(たんてう)な所もある。 |
| 氣候 | 臺灣の南部の外は、溫帶內にあつて、しかも海洋の影響(えいきやう)を受けるから、氣候は一般に溫和である。しかし北部の緯度(ゐど)の高い地方には、冬の寒さが割合にきびしい所もある。朝鮮の北部は、大陸の影響をうけるため、寒暑の差がはなはだしい。雨量は一般に多いが、季節(きせつ)によつて風がかはるため、雨量の多い時期と少い時期とが、地方によつて異なつてゐる。 |

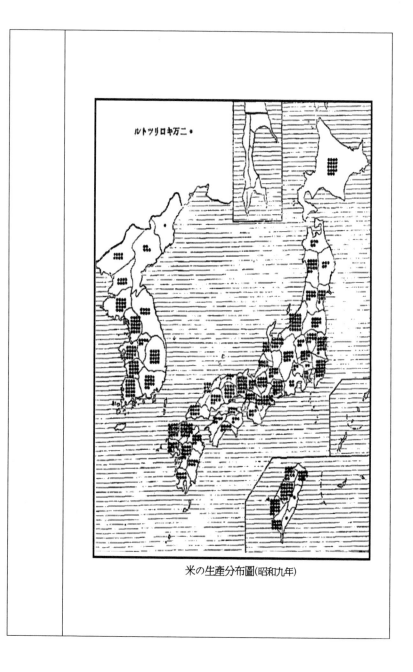

米の生産分布圖(昭和九年)

麥の生産分布圖(昭和九年)

産業
農業

　我が國の耕地は、總面積の約六分の一に過ぎないが、氣候も地味も農業に適してゐる上に、國民が勤勉で耕地の利用がよくゆきとゞいてゐる。從つて耕地面積に比べて收穫の多いことは、世界第一であると云はれてゐる。その上、更に耕地の擴張や農法の改良を行つてゐるから、農産額は次第に増加してゐる。しかし一方では人

口が年々増加して、食料の需要が多くなるばかりでな
く、近年工業の著しい發達につれ、原料の需要も益益増
加するので、農産物の供給は次第に不足をつげるに至つ
た。また狹い耕地から收穫を多くあげるには勢ひ多量の
肥料を必要とするから、近年人造肥料・魚肥・油粕等の
製造は著しく増加してゐる。しかしなほ不足をつげるの
で、滿洲・ドイツから盛に肥料を輸入してゐる。

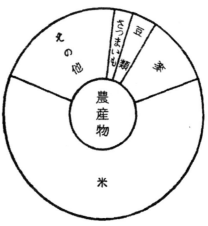

我が國の主な農産物の比較
(昭和九年)

我が國の農産物は、大部分は食用に供せられ、一部分
は工業の原料に用ひられる。たゞ除虫菊・茶・薄荷・果
實等が多少輸出されるに過ぎない。米は我が國民の主要
食物であるから、ほとんど全國到る所に栽培され、その
産額は頗る多い。從つて米は我が國の人口が多いにもか

ゝはらず、國内の需要を充してゐる。しかし内地は不足するので朝鮮・臺灣から補つてゐる。

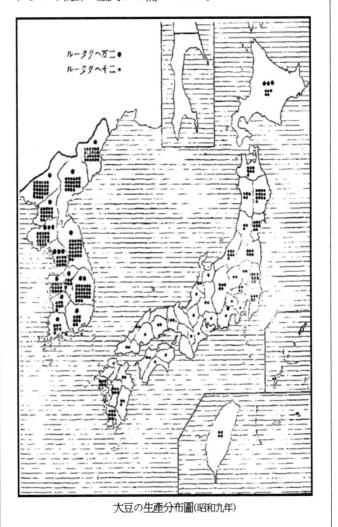

ルータリヘ万ニ ●
ルータクヘ千ニ ・

大豆の生産分布圖(昭和九年)

　我が國の工業上最も必要な綿は、近時、朝鮮にその栽培が盛に奬勵されてゐる。しかし、なほ大部分をアメリカ合衆國・印度その他の地方から輸入し、その額は我が國の輸入品中の第一位を占めてゐる。また小麥や大豆の輸入も少くない。

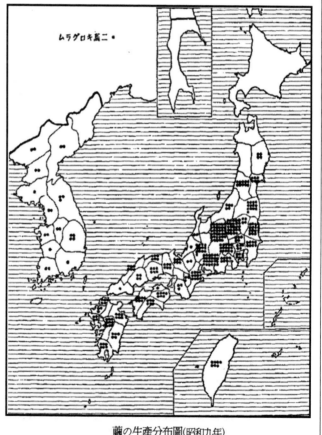

繭の生産分布圖(昭和九年)

養蠶業	我が國は、世界第一の養蠶國で、繭の產額が多く、生絲や絹織物の製造高の多いことは、世界にその比を見ないほどである。養蠶業は中部地方から關東地方にかけて最も盛で、製絲業・絹織物業もまたこれらの地方によく發達してゐる。 　生絲は我が國の主な輸出品で、主として橫濱と神戸から、アメリカ合衆國へ送られる。また富士絹・縮緬・羽二重等の絹織物も、重要な輸出品になつてゐる。
牧畜業	我が國は原野に乏しい上に氣候が牧畜に適しないので、牧畜業は餘り振るはない。ことに緬羊はその頭數が至つて少い。近年著しく需要を增して來た羊毛は、ほとんど全部をオーストラリヤから輸入してゐる。その輸入額は頗る多く、綿についで第二位を占めてゐる。牛・馬・豚は各地で飼養(しやう)され、大たい國內の需要を充たしてゐるが、まだ牛皮と牛肉は不足するので年々支那から輸入してゐる。
林業	森林の面積は、我が國總面積の約二分の一に當つてゐて、各地で木材が伐出されてゐる。木材の主なものは、木曾谷と阿里山のひのき、米代川と紀川流域(りうゐき)の杉、鴨綠江と豆滿江流域のてうせんまつ・からまつ・えぞまつ・とうしらべ、北海道本島と樺太のえぞまつ・とゞまつ等である。 　製材業も所々に發達し、木材の產額は少くない。しかし我が國の發展につれてその需要が年々增加するので、アメリカ合衆國・カナダ・シベリヤから輸入してゐる。

木材を原料とするパルプ及び製紙の工業は、北海道本島や樺太等に大いに發達し、今では世界有數の洋紙製産國となり、洋紙は我が國需要の大部分を充(み)たしてゐる。しかしパルプは近年それを原料とする人絹やステープルファイバーの工業が急速に發達したため、國內産のパルプではなほ不足をつげるので、カナダ・ノルウェー等から輸入する額が多くなつた。

我が國の主な鑛産
物の産額の比較
(昭和九年)

鑛業　　我が國に産する鑛産物の種類ははなはだ多いが、中でも主なものは石炭・金・銅・鐵等である。石炭は九州北部が主産地で、我が國の總産額の過半を出し、北海道がこれに次いでゐる。石炭は我が國第一の鑛産物であるにもかゝはらず、工業の著しい發展に伴なつてその需要が增して來たので、なほその一部を滿洲その他から輸入してゐる。

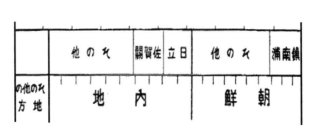

我が國の主な金産地の金の産額の比較
總産額約八千九百萬圓(昭和九年)

石炭・石油の分布圖(昭和九年)

鐵鑛の産額は少いが、マレー半島・支那・滿洲から鑛石を輸入して盛に製錬してゐる。しかし諸種の工業が發達するにつれて、鐵の需要は益益増加するので、アメリカ合衆國・ドイツ・滿洲等から鐵や鐵材を多く輸入する。

我が國の主な銅産物の産額の比較
總産額約四千八百萬圓(昭和九年)

銅は別子・足尾・日立・小坂・佐賀關等の諸鑛山で、盛に製錬し、その額が少くない。しかし今では國内の需要が増加したので需要の一部を輸入に仰いでゐる。金は、内地及び朝鮮の各地に産し、その産額は最近著しく増加してゐる。ことに朝鮮では産金鑛業が目覺ましい發展をなしてゐる。製錬高の多いのは、鎮南浦・日立・佐賀關等である。石油は、主として秋田・新潟の二縣で産するが、近年石油の需要が急に増加して、國産だけではその需要の十分の一にも足らないから、アメリカ合衆國や蘭領印度及びソビエト聯邦から多量に輸入してゐる。石油は國防の充實上極めて大切であるから、我が國では北樺太の油田の採掘に力を入れると共に、人造石油や代用燃料(だいようねんれう)を造つてその不足の一部を補つてゐる。

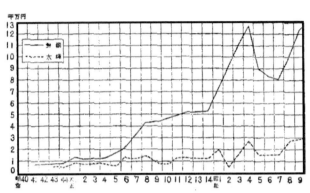

朝鮮・樺太に於ける水産物の増加表

水産業

　我が國は海岸線が長く、近海には暖流や寒流が流れて
ゐるので、各種の魚類が豐かである。その上國民は勇敢
で漁業に從事するものが多いから、水産業はますます發
達して、今では他國を遙かに凌いで、世界第一の水産國
となつてゐる。

かに工船内の作業

	ことに近年、漁港の設備をはじめ、漁船や漁具等が改良されて、漁場が大いに廣まり、一方ではオホーツク海やベーリング海方面へ、他方では遠く太平洋の沖合や印度洋の方面にまで出漁するものもある。また近時南極海(なんきよくかい)方面にも捕鯨に從事するやうになつた。
	漁獲物の中、いわしは北鮮の沿岸を始め全國各地の近海でとれる。かつを・まぐろ・たひは暖流の流れてゐる太平洋近海及び東支那海でとれ、にしんとかには、寒流の流れてゐる北海道・樺太・北鮮の近海でとれる。
	水産製造物の主なものは、かつをぶしをはじめ、しめ粕・干物(ひもの)・塩物・罐詰(くわんづめ)等である。中でも輸出品として重要なのは、かにの罐詰・するめ・こんぶ等である。
	このやうに我が國は、水産が豊かで國民も好んで魚類を食するから、水産業は國民の生活を利する所が多い。
工業	製塩業は、瀬戸内海の沿岸に發達してゐる。その外、朝鮮・臺灣・關東州でも行はれてゐるが、近年工業用原料としてその需要が増加してゐるので、支那・アフリカ等から輸入されるものも少くない。
	我が國のやうに、國土が狭く、人口の密度の大きい國では、一般に工業の發達をはかることが有利である。ことに我が國は、石炭や水力の利用が便利であるから國民の技術と努力の結果、工業は近年特に躍進的(やくしんてき)發達をなし、各地に諸種の大工場が出來て、國産の原料からは勿論、外國産の原料をも使用して、盛に工業品を製造してゐる。

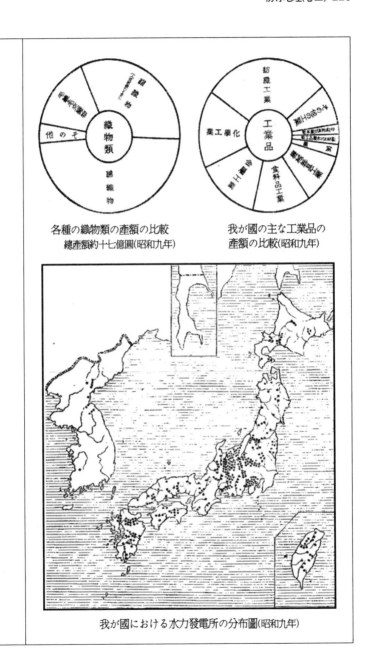

各種の織物類の産額の比較
總産額約十七億圓(昭和九年)

我が國の主な工業品の
產額の比較(昭和九年)

我が國における水力發電所の分布圖(昭和九年)

　これがため、今では工業は我が國の第一の産業となつてゐるばかりでなく、我が國は世界屈指の工業國となつてゐる。阪神地方・京濱地方・北九州地方・名古屋附近は、いづれも國内の主な工業地帯で、製品の種類も産額も極めて多い。また北鮮地方にも近年工業が著しく勃興して來た。

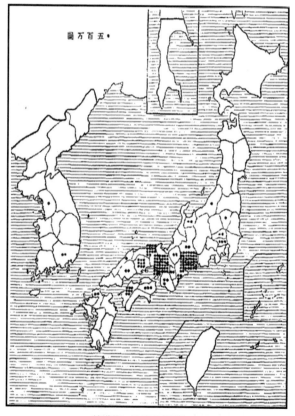

綿織物の生産分布圖(昭和九年)

　我が國の工業の中、最も重要なものは纖維(せんゐ)工業である。纖維工業の重なものは、外國から輸入した綿で造つた綿絲・綿織物と、純(じゆん)國産の生絲・絹織物等である。これらの產額は、他の工業品の產額をはるかに凌(しの)いでゐるばかりでなく、我が國の貿易の盛衰(せいすゐ)と密接な關係をもつてゐる。また人造絹糸工業は近年著しく發達して世界の首位を占め、人造絹糸や人造絹織物を多く製造する。なほ人造絹糸は盛に綿織物や絹織物にも交織されてゐる。また輸入羊毛を原料とする毛糸・毛織物の製造も大いに發達し、毛織物の一部を輸出してゐる。織物の發達につれて、染色(せんしよく)工業も進步して來た。

　その他の工業品の主なものは、鐵・砂糖・酒・紙・肥料・麥粉・メリヤス・陶器・ビール・醬油等でそれぞれ產額が多い。

最新式蒸氣機關車

　これらの工業品の中には、國内の需要を充たすばかりでなく、外國へ輸出するものも極めて多い。ことに我が

交通

國の工業品は、質がよい上に價が安いから近來世界の各地へ著しく販路を擴(ひろ)めるに至つた。

　産業が發達するにつれて、道路や鐵道も著しく延長されて、陸上交通が便利となつた。殊に近來自動車の利用が廣く行きわたるにつれて、道路は著しく改善されその價値が一層まして來た。海上の交通は、國內航路は勿論外國航路も益益頻繁となつて內外共に海上交通の便が大いに開け、また航空事業も、最近著しく發達して來た。

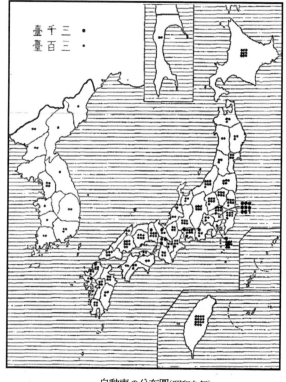

臺千三　・
臺百三　・

自動車の分布圖(昭和九年)

鐵道	鐵道の延長は、約三萬二千キロメートルである。幹線は東京を中心とし、北は奧羽地方・北海道本島を經て樺太に至り、南は中部・近畿・中國の諸地方を經て、九州の南部にまで及んでゐる。また朝鮮を縱に走つてゐる幹線は、滿洲の我が南滿洲鐵道や支那の鐵道と連絡してゐる。

我が太平洋航路のアルゼンチン丸

	これらの幹線を連絡するために、海上には鐵道連絡船が往來(わうらい)してゐる。鐵道が最もよく發達してゐるのは、關東平野・濃尾平野・近畿地方の諸平野、九州北部の諸平野である。
航路	四面はほとんど海でその上國民が海事に長じてゐるので、海運は著しく發達して來た。航路は横濱・神戸・大阪を主な起點として、内外各地の諸港に通じ、今ではイギリス・アメリカ合衆國と並んで世界有數の海運業國として知られるやうになつた。汽船の總噸數は約四百萬噸で、中には、一萬噸以上のものも少くない。

旅客飛行機

航空路

　航空路の主なものは、東京を起點として米子・京城を經て新京又は北京に至るものと更に東京から福岡に至り、青島を經て北京に至るもの、又福岡から臺北・廣東を經てタイ國のバンコクに至る定期航空路もあり、一方東京より我が南洋群島のパラオにも開通してゐるが尚最近パラオより臺北・福岡を經て東京に至る環状線も出來る豫定で東亞に於ける我が制空圈は愈愈擴大しつゝある。これらの航空時間は東京京城間約五時間、京城新京間約四時間、東京福岡間約三時間、福岡北京間約六時間、福岡南京間約五時間、福岡臺北間約六時間、臺北盤谷間約七時間、東京パラオ間約一〇時間で飛行ができる。

| 通信 | 郵便・電信・電話は國内いたる所に通じてゐて、通信の便はほとんど完備してゐる。また諸外國との通信は益益便利となり、海底電線(かいていでんせん)や無線電信で、世界の各地と連絡してゐる。近來ラヂオも盛に利用されてきた。 |
| 商業・貿易 | |

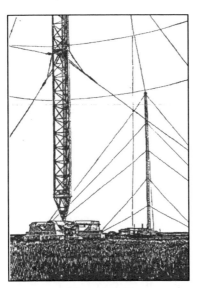

ラヂオの放送所

國内の商業は、大阪と東京が二大中心地をなしてゐる。産業が發達し、交通が進歩すると共に、貿易も盛になり、年貿易額はおよそ四十五億圓で、世界の主な貿易國の一つとなつてゐる。

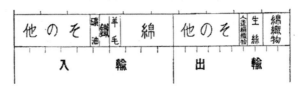

主な貿易品の貿易額の比較
總貿易額約四十五億圓(昭和九年)

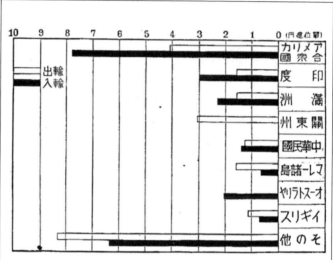

主な貿易取引先とその貿易額の比較(昭和九年)

　輸出品の主なものは工業製品である。中でも綿織物が第一で、マレー諸島・印度・滿洲・中華民國を始めほとんど世界各地にその販路を擴めてゐる。これに次ぐものは生絲・人絹織物・絹織物等である。

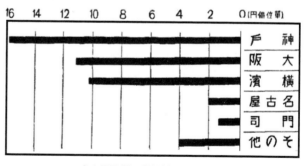

主な開港場の貿易額の比較(昭和九年)

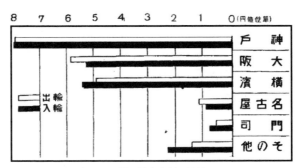

主な開港場の輸出入額の比較(昭和九年)

　輸入品の主なものは原料品である。中でも綿は主とし
てアメリカ合衆國・印度から輸入してゐる。これに次ぐ
ものは羊毛・鐵・石油・機械類・ゴム・豆類である。

我が國の人口分布圖(昭和九年)

住民	我が國の貿易は、主として神戶・大阪・橫濱の三港で行はれる。主な取引先はアメリカ合衆國・印度・滿洲・中華民國を始めマレー諸島・オーストラリヤ・イギリス等である。 　國民の總數はおよそ一億、人口の增加する割合も多く、密度は一平方キロメートルに百四十五人で、世界屈指の密度の大きい國である。密度の最も大きい地方は、産業や交通がよく發達してゐる關東地方と近畿地方等である。

第十五　滿洲

位置・區域

　滿洲は昭和七年、國號(こくがう)を滿洲帝國と稱して新に建てられた國である。

　この國は、鴨綠江や豆滿江を境として、朝鮮につづき、北は黑龍(こくりゆう)江を境として、ソビエト聯邦領のシベリヤに接し、西南には中華民國に接してゐる。面積は約百三十萬平方キロメートルで、我が國のおよそ二倍に當つてゐるが、人口は約三千七百萬にすぎない。國内は十八省に分れてゐる。

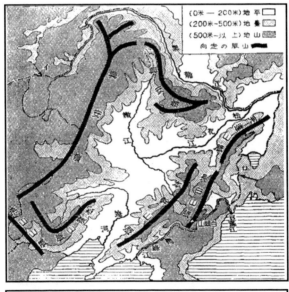

滿洲の地形の略圖と斷面圖

地形	地形は西の部分に興安(こうあん)嶺が長く横たはり、東の部分に長白山脈や本幹(ほんかん)山脈があつて、中央が廣い低地をなしてゐる。この低地を滿洲平野と云ひ、更に新京附近より北の部分を北滿洲平野、南の部分を南滿洲平野と云ふ。北滿洲平野には、白頭山から出た松花(しようくわ)江が北流し、嫩(のん)江を合はせて黑龍江にそゝぎ、南滿洲平野には、興安嶺から出た遼河(れうが)が南流して各各その平野を灌漑してゐる。海岸線は短く、僅かに遼東半島が渤海(ぼつかい)灣につき出てゐるだけである。
氣候	滿洲は、シベリヤや蒙古(もうこ)に接してゐるため、氣候は大陸性で、雨量は一般に少く、寒暑の差は朝鮮よりも一層はなはだしい。冬はながくて、寒さもきびしいが、三寒四溫の現象があるので、割合に凌ぎ易い。夏は氣溫が高く雨も多いので、農業によく適してゐる。

大豆の生產分布圖(昭和九年)

產業	産業の中で、最も重要なものは農業で、近年鑛工業が急速に勃興して來た。
農業	農業は、平野が廣い上に、夏の氣候も適してゐるので盛に行はれ、住民の大部分はこれに従事してゐる。農産物の主なものは大豆を始め高粱(かうりやう)・粟・たうもろこし・小麥等である。大豆は廣く北満洲や南満洲の平野に産し、その産額は世界の第一位を占めてゐる。大豆を原料とする豆粕・豆油は、主として大連・營口で製造され、大豆と共に大部分は我が國へ送られる。

● 一萬甌

たうもろこしの分布圖(昭和九年)

新京に於ける大豆の野積み

小麥は北滿洲平野が主産地で、ハルピンは製粉業の中心地である。高梁・たうもろこし・粟等は廣く各地に産し、その産額ははなはだ多い。近年水田が各地に開け、米の收穫が次第に増加してゐる。水田の耕作にはほとんど朝鮮の開拓民(かいたくみん)があたつてゐる。

粟の生産分布圖(昭和九年)

南部地方では、棉の栽培や柞蠶(さくさん)の飼養も盛で、特に綿は日滿經濟政策上必要であるから大いに栽培が奬勵されてゐる。

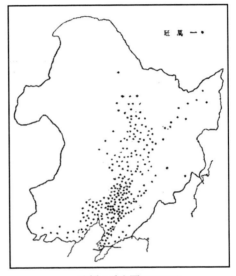

高粱の分布圖(昭和九年)

　從來、農業は氣候の關係で、南滿洲が特に盛であつたが、近年は、北滿洲も盛となつた。しかし北滿洲ではまだ松花江流域をはじめ、各地にひろびろとした原野が未開拓(みかいたく)のまゝ殘されてゐるので、滿洲國政府は盛に開拓民を歡迎して、大いにこの地方の開發に努めてゐる。

牧畜

　牧畜は一般に盛で豚・緬羊・馬・牛等が多い。北部より西部の草原にかけて緬羊の飼養が奬勵され、品種の改良や、增產につとめてゐる。

米の生産分布圖(昭和九年)

安東の滿洲人の筏流し

林業

　東部の山地には、朝鮮の北部につゞく大森林がある。
鴨緑江流域の森林地方では、日滿兩國人共同の會社があ

つて、木材を伐出してゐる。その大集散地は、新義州の對岸にある安東で、こゝでは製材・パルプ工業が盛である。松花江流域の木材は吉林(きつりん)に集り、建築用材や製紙の原料に供せられてゐる。

水産業

　水産業はあまり盛でないが、遼東半島の沿岸では、天日製塩が盛に行はれてゐる。

鑛業

　鑛業は、農業に次ぐ重要な産業で、主な鑛産物は石炭と鐵である。奉天の東にある撫順(ふしゆん)炭坑は、東洋屈指の大炭坑で、我が南滿洲鐵道會社に屬してゐる。こゝで採掘(さいくつ)される石炭は、大連から外國にも積出される。なほ附近の鞍山(あんざん)には、大きな鑛山と大規模な製鐵所があり、又近くの本溪湖(ほんけいこ)にも炭坑と製鐵所がある。その他、金や油母頁岩(ゆぼけつがん)・マグネサイト等も産出し、鑛業は益益發達しやうとしてゐる。

撫順炭坑の露天堀

工業	工業は、從來小規模の製油・製粉・釀造(じやうざう)等がその主なものであつたが、近來、大規模の製鐵・製粉・製油・パルプ・セメント等の工業が各地に漸く盛となつて來た。ことに奉天附近には、各種の近代工業が急速に發達してゐる。また松花江や鴨綠江の流域には、大規模の水力發電所が設けられるから、今後これらの地方にも、工業が大いに發展するであらう。
交通鐵道	我が南滿洲鐵道の連京線は、南北に縱走する幹線で、大連を起點として北に向かひ、奉天に於て安奉線及び奉山線と會し、更に北に向かひ新京(しんきやう)に至つて京濱線と連絡してゐる。京濱線は、新京より北に走つてハルピンに至り、濱綏(ひんすゐ)線と濱洲(ひんしう)線とに會してゐる。濱綏線と濱洲線は北滿洲を東西に橫斷する鐵道でシベリヤの鐵道と連絡してゐる。京圖線は、新京から南東部の山地を貫(つら)ぬいて北鮮に出で、日滿連絡の近道をなしてゐる。安奉線は鴨綠江の大鐵橋によつて京義本線と通じてゐる。奉山線は、山海關(さんかいくわん)に至り中華民國の鐵道と連絡してゐる。その他、圖們(ともん)から佳木斯(ちやむす)に至る線もあつて、鐵道は次々と敷設されてゐる。
道路	道路は一般に修築が不充分で、砂塵(しやぢん)が多く雨天には車軸(しやぢく)を沒するのが常である。しかし、近年自動車の利用が盛になるにつれて、大道路が次第に建設されてゐる。また朝鮮との連絡のため、鴨綠江と豆滿江には、十四の公道橋(こうだうけう)がつくられる豫定で、既にその一部は完成されてゐる。

水運	 營 口 港 　遼河・松花江・黑龍江はいづれも流がゆるやかであるため、この國の重要な交通路になつてゐる。松花江はハルピンまで汽船が通ひ、小汽船は吉林までさかのぼることができる。遼河は汽船が僅かに營口まで上るに過ぎないが、小舟は鄭家屯まで通じてゐる。これらの河は、冬は凍つて、船の往來が出來なくなるが、車馬がこれに代つて氷上を自由に往來してゐる。  龍井街の市場

航空	航空路はハルピン・新京・奉天を中心として國內は勿論、我が國及び中華民國の各地とも通じてゐる。
貿易	産業の開發につれ、貿易は年と共に盛になつて來た。輸出品は大豆・豆粕・豆油がその半分以上を占め石炭・粟・落花生がこれに次いでゐる。輸入品は綿織物をはじめ、鐵・機械・車輛(しやりやう)・綿等がその主なものである。取引先は我が國が第一で全貿易額の過半を占めてゐる。我が國はこの國から大豆・豆粕・石炭を輸入し、この國へ綿織物・絹織物及び機械類を輸出してゐる。最近中華民國との取引も盛となり、またドイツ・アメリカ合衆國とも取引がある。主な開港場には關東州の大連を始め營口・安東・壺蘆島(ころたう)があり、近年朝鮮の羅津で貿易される額も著しく多くなつた。その他、北滿洲のハルピン・綏芬河(すゐふんが)・滿洲里(マンチウリ)、東滿洲の琿春(こんしゅん)・龍井(りゆうせい)・延吉(えんきち)、西南滿洲の山海關・古北口では陸上貿易が行はれてゐる。
住民	滿洲の總人口は約三千七百萬、その大部分は漢族(かんぞく)で、外に滿洲族・蒙古族等がある。漢族は北支那から移住したものである。滿洲族は、昔からこの地に住んでゐたものであるが、今はその數が少くなつてゐる。蒙古族は、西部に住み主に牧畜と農業を營(いとな)んでゐる。滿洲に移住してゐる我が國人は、約百四十萬に達し、その中、朝鮮からの移住者はおよそ百萬である。なほ我が國人で、この國に移住するものは年々增加してゐる。

| 都邑 | 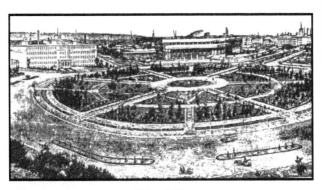
新京の市街

　都邑は一般に交通の便利な鐵道の沿線によく發達し、北滿洲よりも南滿洲に多い。新京はこの國の首府で人口およそ四十萬、大規模の國都の建設が營まれ、新興の氣分が漲(みなぎ)つてゐる。こゝには、中央の諸機關を始め、我が大使館・關東軍司令部があり、また交通の要地を占めて商工業も盛である。

奉天の市街 |

ハルピンの市街

　奉天は南滿洲の交通の要地をなし、商工業が盛で、製油・製粉・釀造等の工場があり、最近には大規模の製鋼・機械工場も出來、人口およそ八十一萬で滿洲第一の大都會である。附近の撫順・鞍山・本溪湖等には、鑛・工業が特に著しい發展をしてゐる。ハルピンは、北滿洲第一の都會で、人口およそ四十六萬、交通の中心にあたり、小麥や大豆を集散し、商工業が盛で製粉や製油等の工場がある。この地は、もとロシヤの滿洲經營の根據地であつたため、市街地はロシヤ式である。

　安東省の安東は、西鮮に最も近く製材・製油・柞蠶(さくさん)等の工業が行はれる。安東省と通化(つうくわ)省は朝鮮と境を接してゐるのみならず、最近鐵を始め、有用鑛物が次第に發見されて來たので、朝鮮との關係が益益密接となり、梅輯(ばいしふ)線は朝鮮の滿浦(まんぽ)線

と連絡してゐる。間島省は、北鮮に近く住民の大部分は、朝鮮から移住したもので、主に農・鑛業に従事してゐる。延吉は、間島省の中心をなし、附近に龍井・琿春等の都邑がある。

吉林は、松花江上流地方の中心で、木材の集散や製材業が行はれてゐる。佳木斯は、松花江に臨み、我が集團開拓民(しふだんかいたくみん)によつて發達した新興の都邑である。ハルピンの西にあるチヽハルは、北滿洲の西部の中心である。

營口は、遼河の川口の港で、遼河流域の門戸である。葫蘆島は、近時港の設備がよく整つて、船舶の出入が次第に多くなつて來た。

承德(しやうとく)は、古い都邑で、清朝(しんてう)の離宮(りきゆう)と喇嘛廟(らまべう)があるので名高い。こゝより萬里の長城を越えて、北京と連絡する鐵道がある。

| 我が國との關係 | 滿洲は、我が國と境を接し、國防上・經濟上極めて重要な關係にあるから、我が國は、この國と防禦同盟(ばうぎよどうめい)を結び、我が國の最も親しい友朋(いうほう)國としてこの國の發展に協力してゐる。ことに朝鮮地方は、位置の上から我が國と滿洲との關係が密接になるにつれて益益その重要性を増して來た。今や滿洲は年と共に國運が進み、兩國の國交はいよいよ親善を加へ、今次の支那事變に際しては、國を擧げて我が聖戰に協力し、眞に日滿一心一體の實を示してゐる。 |

第十六　中華民國

一　總論(一)

位置・區域

中華民國は、黃海と東支那海を隔てて我が國と相對してゐる。面積は我が國の約十五倍、人口はおよそ四億五千萬、世界總人口の約五分の一に達してゐる。

國內は支那と蒙疆(もうきやう)・外蒙古・新疆(しんきやう)・西藏(チベット)等の地方に分れてゐる。

中華民國の地形の略圖

地形・氣候	西部は、高くてけはしい山脈や高原で、黄河(くわうが)や揚子江(やうすかう)等の大河は、この高原に源(みなもと)を發して東流し、下流に廣い支那平野をつくつてゐる。海岸地方は氣候が一般に溫和で、雨量も多いが、內陸に行くにつれて氣候は次第に大陸性となり、雨量も少く、寒暑の差も大である。從つて西部や北部の高原地方は、廣い沙漠になつてゐる。 　　二　支那 　支那は黄河・揚子江・珠(しゆ)江を中心として北支那・中支那・南支那の三つの地方に大別することが出來る。
北支那	北支那は滿洲に連なり、渤海灣や黄海を隔てて近く關東州や朝鮮と相對し、我が國に最も近接した地方である。黄河は此地方第一の長流で、長さは約四千キロメートル、遠く西部の高原に源を發し、下流に肥沃な北支那の大平野を作つてゐる。 　氣候は大たい滿洲と同じく大陸性で、冬は氣溫が低く、雨も少く、空氣は乾燥してゐる。しかし夏季は溫度も高く雨も多く降るので、小麥・大豆・高梁・棉等の農産物が頗る多い。從つて此の地方は昔から支那文明の榮えた所である。また山東半島や西部山地には鐵・石炭等の鑛産物も多く、ことに石炭の埋藏量(まいざうりやう)は頗る豐富である。

保定(ほてい)の棉花集積

山東塩の山

　鐵道は北京・天津を中心として四方に通じてゐる。京山(けいざん)線は北京と山海關(さんかいくわん)を連ね、更に滿洲を經て、朝鮮の鐵道に連絡してゐる。津浦(しんぽ)線は天津・浦口(ほこう)間、京漢(けいかん)線は北京

・漢口(かんこう:ハンカオ)間を連ね、ともに大平野を南北に縦走して、中支那に至つてゐる。京包(けいはう)線は北京より西方蒙疆地方に入り、包頭(はうたう:バオトー)に終つてゐる。その他連雲(れんうん)港・西安(せいあん)間を結ぶ隴海(ろうかい)線等がある。

北京の正陽門

　北京は北支那の交通の要地で、釜山・北京間に直通列車が運轉されてゐる。人口およそ百五十萬、この地方第一の都會で、北支那の政治の中心地である。こゝは古來幾度か首府となつたところで、壯大(さうだい)な宮殿や城郭(じやうくわく)が今なほ殘つてゐる。天津は北京の外港で、白河にのぞみ、水陸交通の要地を占め、北支那第一の貿易港である。青島は仁川の對岸にある良港で、我が國人の居住者も多く、紡績工業が盛である。膠濟(かうさい)線はこゝから濟南に至つて津浦(しんぽ)線につらなつてゐる。沿線には鐵・石炭の産が多い。太原(たいげん)は山西盆地の中心地である。

青　島

中支那

　中支那は揚子江の流域で、あまたの盆地や平野がつら
なつてゐる。揚子江はこの國第一の長流で、長さ約五千
キロメートル、本支流共に流れが緩やかで、漢口まで
は、大洋を航行する船が自由にさかのぼることが出來、
自然の大交通路をなしてゐる。流域は土地が低平で氣候
も溫暖であるから、沿岸の盆地や平野には米を始め茶・
繭・棉・麻等が頗る多く產し、中華民國中、最も重要な
地帶をなしてゐる。從つて、上海を始め、南京・九江(き
うかう)・漢口・長沙(ちやうさ)・重慶(ぢゆうけい)等の
重要な港市は、多くこの沿岸に集中し、人口もまた極め
て多い。

　鐵道は、天津に起つた津浦線が浦口に終り、更に對岸
の南京から上海に至る海南(かいなん)線に連絡してゐ
る。また北京に起つた京漢線は漢口に終り、對岸の武昌
(ぶしやう)から南方、廣東に向かふ粵漢(ゑつかん)線と連
絡してゐる。

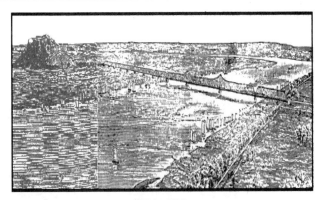

黄河の鐵橋

　上海は、揚子江流域の門戸として發達した大貿易港で、貿易額はこの國、總貿易額の二分の一を占めてゐる。我が國の神戸・横濱・大阪・釜山とも航路を通じ、長崎とは最も近い距離にある。人口およそ三百五十萬この國第一の大都會で、近來紡績業その他の工業が勃興してゐる。附近に大場鎭(だいぢやうちん)を始め支那事變の戰跡地(せんせきち)が多い。

上　海　港

南京の埠頭

上海の上流にある南京は、この國の首府で舊蹟も多い。揚子江中流の漢口は、水陸交通の要地で貿易が盛である。重慶は上流の要地である。

漢口と陽子江

大 冶 鐵 山

　また揚子江流域には鐵・石炭の鑛產も多く、鐵鑛は大
冶(たいや)の鑛山から最も多量に採掘され、石炭は萍郷
(ひやうきやう)の炭坑で採掘される。漢口の對岸にある
漢陽(かんやう)の製鐵所では、大冶の鐵鑛を原料とし、
萍郷の石炭を燃料として盛に製鐵してゐる。また大冶の
鐵鑛は、我が八幡製鐵所へも盛におくられる。

漢陽にある製鐵所

| 南支那 | 南支那は珠江を中心とする南部一帶の地域で我が臺灣と相對してゐる。一般に山地が多く海岸線は出入に富んでゐる。この地方は熱帶に入り、氣溫は高く雨量も多いので作物の生長がよく、米・茶・繭等の産額が頗る多い。 |

香 港

殊に珠江下流の平野は南支那の中心で、河口に近く、南支那第一の都邑廣東(かんとん)の港がある。廣東に近い香港(ほんこん)は、イギリス領の良港で、海上交通の要路に當り、貿易も盛で、また軍事上の要地である。廣州(くわうしう)灣はフランスの租借地で、附近に海南島(かいなんたう)がある。

廣 東

三　蒙疆その他の地方

蒙疆地方

　蒙古聯合自治政府は滿洲の西方、萬里の長城の北にある蒙疆の地にできた政治團體で、大部分內蒙古の地を占めてゐる。この地方は廣大な高原で沙漠や不毛(ふまう)の荒地が多く、住民は、遊牧(いうぼく)の生活をしてゐる者が多い。農業は南部の一部に行はれてゐるにすぎない。しかし鐵鑛や石炭が多量に埋藏され、羊毛等の資源も多いから、將來の發展が期待されてゐる。

ゴビ沙漠と隊商

　張家口(ちやうかこう)は蒙疆の首都で、奥地との取引が盛である。大同附近には石炭が頗る多量に埋藏され、その一部は既に採掘されてゐる。京包線は張家口や大同を結んで更に西に通じ、黄河河畔の包頭に終つてゐる。

龍 煙 鐵 鑛

　この地方には今次の支那事變によつて新しい政權が樹立され我が國と親しい關係を結んでゐる。

大 同 炭 坑

蒙疆の部落

外蒙古・西藏・新疆地方

　外蒙古や新疆・西藏は廣大な高原で、沙漠が多く未開の土地である。しかしこれらの地方にはソビエト聯邦やイギリスの勢力が及んでゐて永らく中華民國行政上の邪魔ともなり、近くは東亞新秩序建設にも頗る障害を來たしてゐたのである。

包頭に於ける皮筏

四 總論(二)

<table>
<tr><td>產業</td><td>

中華民國の中では支那が最もよく開け、産業も發達し、人口も多くこの國總人口の十分の九を占めてゐる。その他の地方は、住民が少く産業も振るはない。産業の中最も盛なのは農業で、米・麥・豆類・茶・棉・繭等を多く產する。米は農産物の第一位を占め、揚子江流域を主產地としてゐる。小麥・棉は北支那に、繭・生糸・茶は中支那及び南支那に多く產する。

鑛産は鐵と石炭を主とし、北支那や中支那にはその埋藏量がはなはだ多い。

</td></tr>
<tr><td>交通</td><td>

支那平野は比較的交通が便利であるが、その他は一般に不便である。

鐵道には、京山・京漢・津浦・粤漢等の南北に走る諸線と、京包・膠濟・隴海・海南等の東西に走る諸線とがある。しかしその大部分は外國の資本で出來たものである。

水上の交通は、鐵道に比べると割合によく開けてゐる。その中心は揚子江で、船舶が常に往來してゐて、自然の大交通路をなし、沿岸には上海・漢口を始め大小あまたの良港がある。その他白河(はくか)には天津・珠江には廣東等があつて、河川を利用した良港が頗る多い。海岸線は、出入に乏しいため良港は少いが、北部には青島、南部には香港があつて、共に海上交通の要地となつてゐる。以上の諸港の中、上海と香港の二港は我が神戸・横濱の二港と共に、太平洋方面に於ける交通及び貿易の大中心地となつてゐる。

</td></tr>
</table>

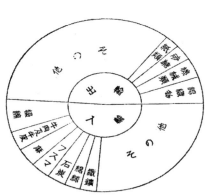

我が國と中華民國との貿易品の貿易額(昭和九年)
總貿易額約二億六千萬圓
輸入超過約六百六十萬圓

貿易　　貿易は、産業の開發と共に盛になつてきた。しかし農業が主であるため桐油(とうゆ)・生糸・茶等を輸出し、鐵・機械・綿織物等を輸入する。取引は主に我が國及びアメリカ合衆國・イギリスとの間に行はれ、我が國はこの國から繰綿・石炭・鐵鑛等を輸入し、この國へ綿織物・機械類等を輸出してゐる。我が國との貿易は、支那事變以來一時は減少したが、最近次第に増加してゐる。

住民　　住民は、大部分は漢族で總人口の約九割を占めてゐる。その他に蒙古・トルコ・西藏族等がゐる。漢族は支那文明をつくつた民族で、忍耐力(にんたいりよく)がつよく勤勉で、また頑健な身體を有し海外にも大いに發展してゐる。しかし近年誤つた政治が行はれたため、住民は不幸な生活を送り國力も不振である。

我が國との 關係	我が國は古來、この國との關係が極めて深く、昔はこの國の文化が我が國の文化に貢獻するところが少くなかつた。 　近年我が國は新しい文化をこの國に傳(つた)へ、また常に兩國の親善を旨とし、その共存共榮につとめてきた。ことにヨーロッパ列强の支那侵略(しんりやく)にあたつては、多大の犧牲(ぎせい)を拂つてこの國を助け、一方には北支那を始め各地の鑛山や鐵道、靑島・上海の紡績業、揚子江の水運等にも多額の投資(とうし)をする等、その開發につとめ、列國の中で最もこの國のために力をつくして來た。從つて兩國の關係はいよいよ密接となり、我が國人のこの國に在留するものも多く、兩國の交通は益益盛となり、貿易も年と共に增加するに至つた。かやうに我が國は兩國の親善に努力して、その共存共榮の實をあげ、以て東洋平和の基礎(きそ)を確立することに努めて來たのである。 　然るに、この國の中には我が國の眞意を解しないものがあつて、歐米の勢力に賴り、我が國を侮つて、排日・抗日の思想を鼓吹(こすゐ)し、はては我が國人の生命財産をも危うせんとするに至つた。その結果、遂に昭和十二年七月七日の支那事變の勃發となつたのである。 　今や我が國は東洋平和のため、速かにこの國を覺醒(かくせい)させ、我が國の東亞新秩序建設の正しき使命に協力するやう、その所信に向かつて邁進(まいしん)してゐる。我が忠勇なる皇軍將士の向かふところは、すでにこの國の全土に及び、國民また一致團結して銃後を守り、

相ともに事變の目的貫徹に全力をあげてゐる。今や、彼
の國には我が國の眞意を解して、我と和親(わしん)協力
せんとする中央政府が成立し旣に日・滿・華三國承認も
正式に調印されるやうになつた。

第十七　アジヤ＝ヨーロッパ大陸

一　總論(一)

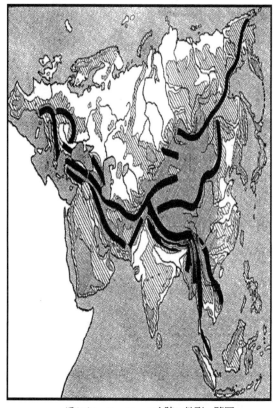

アジヤ＝ヨーロッパ大陸の地形の略圖

位置・區域　　アジヤ＝ヨーロッパ大陸は北半球にあつて、アジヤ洲とその西方に半島狀をなしてゐるヨーロッパ洲からなつてゐる。周圍は、北極海・太平洋・大西洋・印度洋及び

地中海にとりかこまれ、是等を隔てて、アフリカ・オーストラリヤ・アメリカ等の大陸と相對してゐる。面積は五千餘萬平方キロメートルで、世界全陸地のおよそ五分の二を占め、住民の總數も十六億で、世界總人口の約五分の四にあたつてゐる。

アジヤ洲には、我が國を始め滿洲・中華民國・タイ等の國々があるが、その他は大部分ヨーロッパ諸國の領地となつてゐる。ヨーロッパ洲にはイギリス・フランス・ソビエト聯邦・ドイツ・イタリヤ等の三十餘の國々がある。

山地は一般に南東部に多い。世界の屋根(やね)といはれるパミル高原を中心として、高い山脈が諸方に走り、本大陸の主な分水嶺をなしてゐる。中でも南東へ走るヒマラヤ山脈と、西へ走る山脈の續きであるアルプ山脈等が有名である。ヒマラヤ山脈には、九千米に近いエベレスト山を始めあまたの高峰(かうほう)が聳え、世界で最も雄大な山脈をなしてゐる。

地形

ヒマラヤ山脈

アルプ山脈はヒマラヤ山脈に比べると一小山脈にすぎない。しかしヨーロッパ洲では最も高大な山脈で、美しい湖水や氷河(ひやうが)があつて景色がよい。その外パミル高原に連なる諸山脈の間には、西藏・蒙古等の廣大な高原があつて、山脈と共に本大陸の大高地帯をなしてゐる。

アルプ山脈

大陸の北部には廣い大平原が横たはり、レナ川・エニセー川・オビ川・エルベ川・ライン川・ボルガ川等の諸川が緩やかに流れてゐる。この大平原の中、アジヤ洲にあるシベリヤは産業は振るはず住民も少いが、ヨーロッパ洲に屬する部分はよく開けてゐる。海岸は平野の少いスカンヂナビヤ半島が突出してバルト海を抱いてゐる外一般に出入が少い。

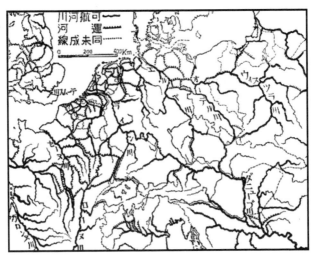

中部ヨーロッパ洲の可航河川及び運河

　南部には印度支那半島・印度半島・アラビヤ半島があり、また地中海にはバルカン半島・イタリヤ半島が突出して、海岸線は出入に富んでゐる。

中央アジヤの草原

印度半島とヒマラヤ山脈の間には印度平原(へいげん)があつて、ガンジス川やインダス川がこれを潤(うるほ)してゐる。またバルカン半島には、ダニューブ川が流れ、その流域に諸平野がある。

東部には支那平野が開け、黄河・揚子江が西藏高原より出で、これを貫流してゐる。

島嶼は東部から南東部にかけて多く、日本列島からマレー諸島に至る間には、あまたの島々があたかもアジヤ洲の防波堤のやうに連なり、これに沿うて多くの火山が噴出してゐる。

氣候　本大陸は廣い上に、地形も複雑であるから、氣候は所によつて著しく異なつてゐる。北極海に臨む地方は緯度が高いため氣温は低く殊に冬の寒さがきびしく、その時期も長い。從つて河川は凍結して水運の便が乏しく、平原は凍原をなしてゐる。太平洋・大西洋に臨む地方は、緯度の關係や暖流の影響によつて、氣候が温和で雨量も多く、人類の住むのによく適してゐる。南部の印度地方や南東アジヤは赤道に近く、年中高温で、雨量も極めて多いため、熱帶性の植物がよく繁茂してゐる。大陸の内部は寒暑の差がはなはだしく、雨量も少いから川と云ふ川もなく、アラビヤから中央アジヤを經て蒙古に至る間は、沙漠や草原が廣くつづいてゐる。

二　アジヤ洲

（一）シベリヤ

シベリヤはソビエト聯邦の領地で、ウラル山脈から太平洋に至るまでの廣大な地域を占め一部は我が國と境を接してゐる。面積は我が國の十九倍もあるが、人口は僅かに七分の一に過ぎない。

地形は南東部が高く、北部は次第に低くなつて廣い平原が開けてゐる。從つて大きな川は南から北に流れて北極海にそゝいでゐる。たゞ黒龍江のみは東に流れて間宮海峽にそゝいでゐる。エニセー川の上流にあるバイカル湖は、世界で最も深い湖である。

黒　龍　江

この地方は、北に偏してゐるので氣溫がはなはだ低く、北部は凍原をなし、中部一帯は寒帯の大森林におほはれ、まだよく開けてゐない。しかし南部の平地の部分

地形・氣候・産業

は地味が肥えて、夏の氣溫が割合に高いから、本國から
の移民が次第に増加して、小麥の栽培や牛・緬羊の牧畜
が盛である。

凍原ととなかい

　近年ソビエト聯邦は産業の開發に特に意を用ひて、農
業の外、鐵・石炭・石油等の鑛業や、各種の近代工業の
發展に力をそゝいでゐる。その結果ウラル山脈地方やバ
イカル湖地方をはじめ、東部の各地には次々と大工場が
おこつてゐる。

　また、カムチャッカ半島の沿岸や、ベーリング海・オ
ホーツク海は世界に名高い大漁場で、夏期には我が國か
ら出漁するものがはなはだ多く、鮭(さけ)・鱒(ます)・鱈
(たら)・蟹(かに)等の漁獲が頗る多い。

我が國人の漁業

ウラヂボストック

都邑・交通　ウラヂボストックは日本海に臨むシベリヤの門戸で軍
港と商港を兼ね、我が敦賀との間に定期航路が開かれて
ゐる。この地を起點とするシベリヤ鐵道は、世界の鐵道
幹線の一部であつて、滿洲の鐵道と連絡し、シベリヤの
南部を通つてヨーロッパの鐵道に接續する。また滿洲の

鐵道によつて朝鮮の鐵道とも連絡してゐる。イルクーツク・ノボシビルスク・オムスク等はシベリヤ鐵道に沿うてゐる都邑で、いづれも最近工業が盛になつてきた。

ノボシビルスク

樺太の油田

我が國との
關係

シベリヤは我が朝鮮・樺太と接近し、また滿洲とも長い國境によつて境してゐる。その上、我が國は條約によつて北洋(ほくやう)の漁業權や、北樺太における石油・

石炭の採掘權を有してゐるので、我が國人で、この地方に在住するものも多く、我が國との關係は深い。ことに最近ソビエト聯邦はこの地方の產業・交通・國防に一そう力をそゝいでゐるので、彼我の關係は益益重要性を加へてきた。

(二) 南東アジヤ

印度支那半島及びマレー諸島を南東アジヤといふ。この地方は赤道が通つてゐるため氣候は熱帶性で、雨量が多く、植物もよく繁茂(はんも)してゐる。

印度支那半島には高い山脈が南北に連なり、川はその間を深い谷をなして流れてゐる。しかしこれらの川の下流には肥沃な平地があつて米の產額が多い。ラングーン・バンコク・サイゴン・ハイフォン等は有名な米の集散地である。馬來半島はゴムの木の栽培の盛なところで、錫(すゞ)や鐵鑛の產も多い。ゴムと錫は世界の主產地で鐵鑛と共に我が國へも多量に送られる。

この地方の獨立國はタイのみで、他はイギリス・フランスの領地である。バンコクはタイの首府である。半島の南端に位するシンガポールは、イギリスの領地で世界交通の要路に當り、貿易が盛で、イギリスの東洋に於ける軍事上の要地である。

マレー諸島はボルネオ島・スマトラ島・ジャワ島・フィリピン群島、その他大小あまたの島々からなつてゐる。

ゴム液の採集

これらの島島ではさたうきび・ゴム・やし等の栽培が盛に行はれ、中でもジャワ島は農業がよく發達しさたうきびの産がことに多い。ボルネオ島・スマトラ島からは石油を多く産し、これらの石油は砂糖と共に我が國へも多量に送られてゐる。フィリピン群島はマニラ麻やコプラが多く産する。

スマトラ島の土人の家

この地方もまたフィリピン群島を除いては、大部分オランダ・イギリスの領地である。マニラはフィリピン群島の首都で、バタビヤはジャワ島第一の都邑である。

マニラ麻の乾場

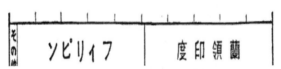

我が國へ輸入される粗糖
總産額約二千萬圓(昭和九年)

我が國との關係

南東アジヤは、我が國と領海を接してゐる上に天産も豊かである、我が國人の在住するものが多く、ゴム・マニラ麻等の栽培や鑛業・商業等を營んでゐる。また我が國と航路がよく開け、汽船はマニラ・シンガポール・バタビヤ・スラバヤ等に定期に往來してゐるので、彼我の貿易も盛である。

マニラ

我が國はこの地方から鐵鑛・石油・砂糖を輸入し、綿布その他の工業品を輸出してゐる。

フィリピンのダバオに於ける日本人市街

しかるに最近國際情勢の變化と共に我が國は東亞共榮圏の確立のため愈愈この地方と親しまれるやうになつて來た。

(三) 印度

印度はヒマラヤ山脈の南に位し、半島狀をなして南に突出してゐる。イギリスの領地の中で最も重要な地方で、面積は我が國の約七倍、人口はおよそ三倍半である。首府デリーはガンジス川の上流に位してゐる。

世界に於ける綿の産額の比較
總産額約五百二十萬噸
(昭和九年)

產業・都邑

農業は、古來印度の重要な產業で住民の大部分は、これに從事してゐる。この國は熱帶性の氣候と廣い平野や高原があるので、各種の農產物がはなはだ豐かである。農產物の主なものは、米・小麥・棉・ジュート麻・茶・さたうきび等で、我が國は多量の綿をこの國から輸入してゐる。この國は牛の飼育も盛で、牛皮の産が多く、鐵・石炭の産額も少くない。

印度の茶摘

　カルカッタとボンベーは、印度の東西の門戸で、交通や貿易が盛である上に、近時、紡績業・織物業も盛である。カルカッタからはジュート麻や茶、ボンベーからは綿や小麥等の輸出が多い。

カルカッタ港

ボンベー

セーロン島のコロンボはアジヤ洲とヨーロッパ洲とをつなぐ海上交通の要路に當り、多く茶を輸出する。

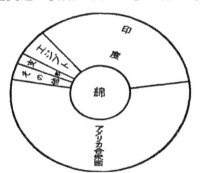

印度

アメリカ合衆國

綿

我が國へ輸入される綿
總輸入額約七億三千萬圓
(約八十二萬㌧)(昭和九年)

我が國との
關係

　貿易は、イギリス本國との間に最も盛で、印度からは多量の農産物を送り、本國からは綿布その他の製品を盛に送つてゐる。我が國との貿易も盛で、我が國の汽船は

定期にカルカッタ・ボンベーの諸港に往來してゐて、この國から綿・鐵等を輸入し、我が國から綿織物・絹織物・人絹織物等を輸出する。

三　ヨーロッパ洲

(一) イギリス

イギリスは、その本國は我が國より小さい島國であるが、印度を始め海外到る所に領地を有し、世界無比の廣い領地と多數の人口とをもつてゐる。その總面積は、本國のおよそ百三十倍で、世界の約四分の一を占め、人口も本國のおよそ十倍で、世界の約五分の一に上つてゐる。

バーミンガム

産業・都邑　　この國は多量の石炭を産するので、その領地や諸外國から種々の原料品を輸入して、これに加工する工業が極めて盛である。中でもマンチェスター附近の紡績業や織物業は世界屈指である。また鐵鑛の産出も多いから製鐵

業もよく發達し、バーミンガム附近が有名である。これらの工業製品の大部分は、その廣大な領地や諸外國に多量に輸出される。從つて船舶は、本國と領地との間ばかりでなく、諸外國との間にもまた極めて盛に往來し、海運業は貿易と共にその發達が世界第一位である。かやうにイギリスが今日のやうに發展したのは、鑛業・工業・商業及び海運業が他國に先んじて隆盛となり、國民も亦勤勉で商業に長じてゐるからである。

ロンドンの市街

首府ロンドンはテームス川の下流に臨み、接續してゐる町を加へると人口およそ八百萬、世界第一の大都會で、リバプールと共に、世界各國の船舶の出入が頗る盛で、世界の大貿易港をなしてゐる。

リバプール

（二）フランス

　フランスはその本國は我が國より小さいが、印度支那を始め海外に廣い領地を有してゐるので、總面積は世界第三位で、イギリス・ソビエト聯邦に次いでゐる。

　氣候が溫和で、地味の肥えた耕地が多いから、農業が盛で、小麥・ぶだう等の產額が多く、ぶだう酒の製造高は世界第一である。また石炭や鐵の產が多く、ドイツに接した北部地方には製鐵業が發達してゐる。また南部地方の絹織物は有名で、その原料は主として我が國や中華民國から輸入されてゐる。

産業・都邑

フランスのぶだう畑

オリーブの收穫

　この國は海外に廣い領地をもつてゐるが、未開の地や沙漠のところが多い。從つてイギリスのやうに工業や貿易が盛ではない。しかし、フランスの住民は一般に藝術

（げいじゆつ）に長じ、美術工藝は世界に名高い。首府パリーは美術工藝の盛なところで、人口およそ三百萬、世界で最も美しい都である。マルセーユは地中海に臨む良港で我が歐洲航路の寄航地（きかうち）である。

パリーの市街

(三) ソビエト聯邦

産業・都邑

ソビエト聯邦は一般に平地で、大きな川が多く、水運も灌漑も共に便利であるが、北の大部分は寒氣がはげしいので産業が發達してゐない。しかし南部は割合に溫暖なため、農業や牧畜が盛に行はれ、小麥の産額は世界屈指である。近時工業をはじめ、各種の産業が著しく發展してゐる。

ロシヤの農場

　この國は、本國の面積が大きいばかりでなく、アジヤ洲に廣い領地を有し、イギリスに次いでの大きい國である。國民は忍耐力が強く、近時本國及びシベリヤの産業開發に大に力を注いでゐる。

モスコーの市街

<table>
<tr><td>フィンランド・スェーデン・ノルウェー</td><td>

首府モスコーは人口およそ三百六十萬、陸上交通の中心地をなしてゐる。

ソビエト聯邦のの西北にはフィンランド・スェーデン・ノルウェー等の國々がある。

ノルウェーの漁港

(四) ドイツ

ドイツは、もと海外に廣い領地をもつてゐた大國であつたが、世界大戰の結果、本國の一部と、海外の領地の全部を諸外國に讓り渡し、これと共に多くの鐵鑛産地や炭田を失ひ、國力が一時大いに衰へた。しかし國民の不屈の精神と熱心な努力によつて、再び各種の産業が復興し、國力が大いに充實した。ことに學術の研究及びその應用が盛で、化學工業が最も發達してゐる。中でも鐵・石炭に富むライン川流域には各種の工業が最も盛である。近年この國はオーストリヤやチェッコスロバキヤの一部を始め、その他の地方を併せ、終にフランスをも屈

</td></tr>
</table>

服せしめ、ヨーロッパ新秩序建設のため邁進してゐる。
我が國は此の國及び伊太利と三國條約を結び相ともに世
界平和のため努力してゐる。

甜菜畑と甜菜

首府ベルリンは人口四百二十餘萬、陸上交通の中心地
で、商工業も盛である。エルベ川に臨むハンブルグはこ
の國第一の貿易港である。

ベルリンの市街

| オランダ・ベルギー・デンマーク | 　ドイツとフランスの間にあるオランダとベルギーは、本國だけではいづれも我が國より餘程小さいが、共に海外に廣い領地をもつてゐる。オランダは農業や牧畜が盛な國で、ベルギーは工業が發達してゐる國である。これらの二國は我が國やイギリスと共に人口の密度が世界で最も大きなところである。デンマークはドイツの北にある半島に位し、農業がよく行はれてゐる。 |

オランダの風景

（五）イタリヤ

　イタリヤは、我が國のやうに山地が多く、また火山に富み地震も多い。川は發電に利用せられその電力は、國内に石炭の產出が少いので、主として工業の動力に用ひられる。北部のポー川の平地は農業が發達し、工業も盛である。

　この國は人口が多い上に耕地が少いので、海外發展の必要に迫られてゐる。近年國民が一致團結し、その上我が國及びドイツと結び、國力が益益盛となり、アフリカ大陸や地中海に一大發展をなしてゐる。

　首府ローマは、古來有名なところで名所・舊跡が多く、ネープルスは景色のよい港で、地中海交通の要路に當つてゐる。

ローマの市街

ネープルス港

スイス	ドイツ・フランス・イタリヤの三國の間にあるスイスは、アルプ山中の小さい國である。水力電氣を利用して各種の工業が發達してゐる。また山水の風景が美しいので、遊覽地として世界に知られ、登山の設備もよくゆきとゞいてゐるから、外國から來遊するものが頗る多い。

アルプ山中のケーブルカー

四　總論(二)

	アジヤ＝ヨーロッパ大陸は、面積が廣い上に地形も氣候も共に複雜であるから、産業や文化は所によつて著しく異なつてゐる。
産業	アジヤ洲では我が國を始め、滿洲・支那・印度等の平野がよく開け、文化も進み、農業も大いに發達し、人口

密度もはなはだ大である。これらに次いでは南東アジヤがよく開けてゐるが、その他の地方は産業も振るはず住民も少い。

アジヤ洲の産業の主なものは農業と牧畜で、我が國を除いては工業はまだ盛でない。しかしアジヤ洲の資源は頗る豊富であるから鑛業・林業・水産業・工業等は將來その發展が大いに期待されてゐる。

ヨーロッパ洲は海岸線が長く、氣候が溫和で、イギリスを始めドイツ・フランス・イタリヤ等一般に文化が進んだ國が多く、人口密度も大で、各種の産業が著しく盛である。中でも工業の發達は特に著しく、製鐵業・機械製造業・化學工業・織物工業等は世界でその比を見ないほどである。

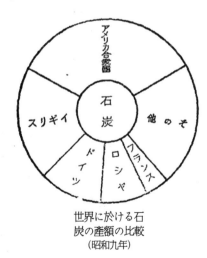

世界に於ける石
炭の産額の比較
（昭和九年）

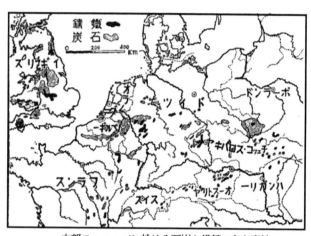

中部ヨーロッパに於ける石炭と鐵鑛の主な産地

かやうに工業がよく發達したのは、中部から西部へかけて石炭や鐵を多く産するからである。しかしその他の原料は一般に不足するので、植民地から多量の原料を輸入し、その製品を各地へ輸出してゐる。

世界に於ける銑
鐵の産額の比較
(昭和九年)

ハンブルグ

交通

　かく工業を始め各種の産業の著しい進歩と共に、鐵道は到るところによく敷設されて各地を連絡し、ロンドン・パリー・ベルリン等がその中心をなしてゐる。また海上の交通も便利で、ロンドン・リバプール・ハンブルグ・マルセーユ等を中心として各地に航路がひらけ、アジヤ洲や他の海外諸地方との間には船舶が頻繁に往來してゐる。イギリスは世界第一の海運國である。

　アジヤ洲の鐵道は、ヨーロッパ洲に比べてその發達が著しく後れてゐたが、我が國や滿洲・中華民國・印度・ジャワ等では近年急速に發達し、シベリヤ地方にも漸次(ぜんじ)敷設されてきた。海上の交通は神戸・横濱・大阪・大連・上海・香港・シンガポール・コロンボ等を中心として、廣く世界の各地と通じてゐる。

アジヤ洲とヨーロッパ洲を連絡する交通は、陸上ではシベリヤ鐵道があるが、航路による連絡が主である。我が國の諸港や上海・香港等から印度洋を橫斷して、スエズ運河を經、ヨーロッパ洲の諸港に至る航路は、世界海上交通の要路となり、ヨーロッパ洲の諸港にはアジヤ洲の船舶がアジヤ洲の諸港にはヨーロッパ洲の船舶が、互に出入して、亞歐(あおう)の連絡にまた貿易に當つてゐる。

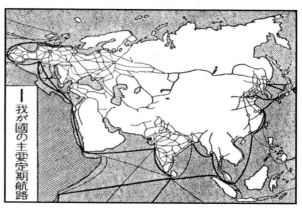

アジヤ＝ヨーロッパ大陸の交通の略圖

我が國との關係

我が國は本大陸の東にあつてアジヤ洲の各地との關係が深い。ことに滿洲・中華民國を始め、南東アジヤ・北東アジヤ等は、我が國に近く、我が國人でこれらの地方に在住するものが年年增加して、その開發に貢獻(こうけん)する所がはなはだ多い。從つて我が國との交通貿易もそれにつれて益益發達してゐる。

スエズ運河

　ヨーロッパ洲には三十餘の諸國があるが、我が國はこ
れらの内、二十餘國と條約を結び、その中イギリス・フ
ランス・ドイツ・イタリヤ・ソビエト聯邦・ベルギー等
には滿洲・中華民國と同じく大使館を置き、その他の條
約國には大てい公使館を置いてゐる。

　我が國とヨーロッパ諸國との交通は、はなはだ便利で
イタリヤ・フランス・イギリス・ベルギー・オランダ・
ドイツの主な港には、我が歐洲航路が通じてゐて、貿易
も益益盛になつて行く。ことにイギリス・ドイツ・フラ
ンスは、我が國の貿易上の重な取引先である。我が國か
らは主に生絲と絹織物及び食料品を輸出する。生絲・絹
織物はフランスへ、食料品はイギリスへ行くものが多
い。我が國が輸入するのは、主にイギリス・ドイツの機
械・鐵・肥料・毛織物等である。

ヨーロッパ諸國は、早くから海外の發展を試みたため世界に廣い領地を有するものが多く、アジヤ洲もその三分の二はヨーロッパ諸國の領地になつてゐる。これらの領地は、いづれも中華民國と共に、ヨーロッパ諸國の製品の市場となり、または原料品の供給地としてヨーロッパ諸國の富強に資するところがはなはだ多い。しかしヨーロッパ諸國は專(もっぱ)ら本國の利益のみを主としてこれらの地方の眞の開發に意を用ひなかつたので、産業は進まず、文化は著しくおくれてゐる。從つて常に全アジヤ洲の文化をすゝめ、その正しい發展をはかり、以つて共存共榮の實をあげる事に努めてゐる我が國は、これらヨーロッパ諸國との關係がいよいよ重要性を加へるであらう。

第十八　アメリカ大陸

一　總論(一)

アメリカ大陸の地形の略圖

位置・區域

　アメリカ大陸は、太平洋を隔てて、我が國の東にあり、北アメリカ洲と南アメリカ洲とに分れて、その間は細長い地峽(ちけふ)で連絡されてゐる。西は太平洋、東は大西洋に面し、北西の一部はベーリング海峽を隔てて、アジヤ＝

地形	ヨーロッパ大陸に接してゐる。本大陸は赤道をはさんで、南北の兩半球に跨(またが)つてゐる。面積はアジヤ＝ヨーロッパ大陸のおよそ四分の三、人口は約六分の一である。 　本大陸では、アメリカ合衆國が最も盛で世界の主要國の一をなし、これに次いでブラジル・アルゼンチン・チリー等の獨立國や、イギリス領のカナダがある。その他あまたの國々があるが、多くは國力が振るはない。 　南北兩アメリカ洲はともに、ほゞ三角形をなし、地形は大體西部・東部・中央部の三つに分れてゐる。 ロッキー山脈

西部には太平洋岸に沿うて、北にロッキー山脈、南にアンデス山脈が相續いて長く連なり、本大陸の大分水嶺となつてゐる。ロッキー山脈とアンデス山脈は、共にヒマラヤ山脈に次ぐ雄大な山脈で、その中には、所々に廣い高原や盆地をはさんでをりあまたの火山もそびえてゐる。

アンデス山脈

東部には、北にアバラチヤ山脈、南には高原狀(かうげんじやう)のブラジル山地がある。これらの山地は、西部の山脈に比すればはるかに低い。

これら東西兩山地の間は一體に廣々とした平地で、北アメリカ洲の部分にはセントローレンス川・ミシシッピ川、南アメリカ洲の部分にはアマゾン川・ラプラタ川等の大河が流れて、各各流域の大平原をうるほしてゐる。

ミシシッピ川は世界第一の長流で、水量が豐かな上、流れもゆるやかであるから、交通や灌漑の便がはなはだ多い。アマゾン川もまた世界第二の長流で、流域面積も頗る廣く、水量も多くて、大きな船は通ふことができる。セントローレンス川は、流れは短いが、上流にはスペリオル湖・ミシガン湖等のいはゆる五大湖がつらなつてゐて、水力發電や交通に大いに利用されてゐる。エリー湖からオンタリオ湖に落ちる水が有名なナイヤガラ瀑布である。

ナイヤガラの瀑布

氣候　　赤道がアマゾン川の近くを通つてゐるので、南アメリカの北半部とメキシコ灣沿岸地方や西印度諸島等は、熱帶に屬し、暑さがはげしく、雨量もまた一般に多い。この熱帶の南北に續くアメリカ合衆國や、カナダの南部及

びブラジルの南部やアルゼンチン・チリー等は、氣候が
溫和でよく開けてゐる。カナダの北部は寒帶にあつて氣
候は寒冷で凍原(とうげん)をなしてゐる。

二　北アメリカ洲
(一) アメリカ合衆國

　アメリカ合衆國は北アメリカ洲の中央部を占め、西に
太平洋・東に大西洋をひかへてゐる。我が國とは太平洋
を隔てて相對し、その領土であるアラスカからはア
リューシャン列島が延びて、我が千島列島につらならう
としてゐる。面積はその本國だけで我が國のおよそ十二
倍もあるが、人口は一億三千萬に過ぎない。

合衆國に於ける小麥の收穫

產業	ミシシッピ川流域の大平原には、機械を使用する大規模の耕作が行はれてゐて、棉・たうもろこし・小麥・煙草を始め、麥類・馬鈴薯・甜菜(てんさい)等の産が多い。ことに綿・たうもろこしの産額は世界第一、小麥・煙草は世界第二で、いづれも多量に輸出されてゐる。特に綿は我が國へも積出される額が頗る多い。近年は果樹の栽培も盛となり、中でも太平洋沿岸のオレンジ・ぶだう等は殊に名高く、我が國人でその栽培に從事するものが多い。また牛や豚の飼養も極めて盛である。西部の山地には、大森林があつて木材の産出が多く、パルプの製造も盛である。鑛産も豊富で、世界の首位を占め、鐵・石炭・石油・銅の産額はいづれも他國にその比を見ない程である。中でも石油は世界總産額の約三分の二を占めてゐる。石油の主な産地は、大平原の南西部及びカリフォルニヤで、我が國もこの國から多量の石油を輸入する。鐵鑛はスペリオル湖附近に最も多く産する。この鐵鑛は五大湖を利用して、北東部の石炭を多く産する地方に送られ、そこで製錬される。かやうに原料が豊富で、動力に富んでゐるから、各種の工業が發達し、製鐵・機械・織物・製粉・船車製造業及び化學工業等が大規模に行はれてゐる。工業の最も盛なところは北東部で、この地方には多くの大都會が集つてゐる。かやうに産業が發達してゐるから貿易もはなはだ盛で、年貿易額は百二十億圓を超え、イギリスに次いで世界第二位となつてゐる。
交通	鐵道は一般によく發達し、その延長は四十萬キロメー

トルを超え、世界の鐵道の約三分の一に當つてゐる。鐵道の最も發達してゐる地方は、北東部の工業地帶を始め東部平原である。また大陸を横斷して太平・大西兩洋を連絡する幹線も數條に及んでゐる。

アメリカ合衆國に於ける自動車の工場

　自動車や航空機の利用も極めて盛で、その數は遙かに他の諸國を凌(しの)いでゐる。外國航路は、大西洋方面からヨーロッパ洲の諸港に通ずるものが最も多い。また太平洋方面から東洋・南洋の諸港に到るものも次第に増加してゐる。

ニューヨーク港

都邑	都邑は北東部の工業地帶に最も多い。ニューヨークは人口約七百萬、東京・ロンドンと共に世界の大都會で、また屈指の大貿易港である。その南のフィラデルフィヤは大工業都市、ワシントンは首府である。中部のミシガン湖に臨むシカゴは水陸交通の要路に當り、人口凡そ三百六十萬、ニューヨークに次ぐ大都會で、農産物の大集散地である上、工業も盛である。ミシシッピ川の川口に近いニューオルリンスはガルベストンと共に綿の積出しが盛で、我が國の汽船も寄港する。  ワシントン 　シヤトル・サンフランシスコ・ロスアンゼルス等は太平洋岸に於ける主な都邑で、何れも我が國との關係が深い。

世界に於ける綿の産額の比較(昭和九年)
總産額約五百十萬噸

棉の集積

我が國との關係

　我が國とアメリカ合衆國とは、太平洋を隔てて相對し彼我の交通貿易は共に盛である。

サンフランシスコ港

我が國はこの國へ生絲・絹織物・陶器・茶等を輸出し、この國から綿・石油・木材・機械・鐵等を輸入し、その貿易額は我が國總貿易額の四分の一に及んでゐる。また太平洋岸を始め各地には約十萬の我が國人が在住し、主に農業や水産業に從事してゐる。

アメリカ合衆國の太平洋沿岸の油井

我が國との主な貿易品の貿易額の比較
總貿易額約十億七千萬圓(昭和九年)

(二) カナダ

カナダはアメリカ合衆國の北部に連なり、イギリスの領地である。面積は我が國のおよそ十四倍であるが、人口は約九分の一にすぎない。

合衆國の太平洋沿岸に在住する我が國人の農園

ニューフォンドランドの漁港

産業	北部は凍原が多く、産業は進んでゐないが、中部以南は東西兩部の山地を始め、大森林におほはれた所が多く、パルプの製造が盛である。農業は主として南部の平原に行はれ、小麥・燕麥・馬鈴薯等の産が多い。大西洋沿岸のニューフォンドランド島の近海は、世界屈指の大漁場として知られ、鱈・鰊等の漁獲が極めて多い。また太平洋沿岸では鮭が多くとれる。鑛産には金・銀・銅・ニッケル等が多く、中でもニッケルはその産額が世界の首位を占めてゐる。工業はアメリカ合衆國の工業地帯に近い南東部に行はれ、製紙・製粉・紡績等の工業が盛であるが、その他の地方は一般に不振である。從つてカナダでは農産物・林産物・工産物が主な輸出品となり、イギリス本國を始め各國は勿論我が國へも多量に送り出される。
交通・都邑	鐵道は南部に發達し、太平・大西兩洋を結ぶ大陸横斷の幹線もある。オッタワはカナダの首府で、工業も盛である。太平洋岸にはバンクーバーがあつて、我が國と航路が開けてゐる。  バンクーバー港

我が國との 關係	太平洋岸には約二萬の我が國人が在留して漁業・林業等に從事してゐる。我が國はカナダから小麥・洋紙・パルプ・木材を輸入し、生糸・陶器・茶等を輸出してゐる。 　三　南アメリカ洲 　（一）ブラジル 　ブラジルは、面積が廣く我が國のおよそ十二倍もあるが、人口は僅かに五分の二にすぎない。
地形・氣 候・産業	北部は廣大な低地で、アマゾン川が緩やかに流れてゐる。この流域は暑さがはげしく濕氣も多く、健康に適しないから産業は發達してゐない。たゞ大森林中のゴムの木からゴムが採集されるにすぎない。  アマゾン川の沿岸の密林

コーヒーの收穫

　南部にはブラジルの大高原がある。高原の南部の地方
はコーヒーの栽培に適し、世界總産額の大部分を産出し
てゐる。コーヒーはアメリカ合衆國を始め各國に輸出さ
れる。

リオデジャネーロ港

サンパウロ

　南部海岸にある首府リオデジャネーロは風光のうるはしい良港である。サンパウロは、コーヒー栽培の中心地で、サントスはその外港としてコーヒーの輸出が多い。

サントス港

我が國との
關係

　ブラジルは人口密度が小で、從來移民を歡迎したので、多數の我が國人もこの國に移住した。今ではその數およそ二十萬に達し主としてコーヒーの栽培に從事してゐる。

南米に於ける我が國人の村

(二) アルゼンチン

　アルゼンチンは、西部の大山脈を除く外は廣々とした大平原で、ラプラタ川がこゝを流れてゐる。産業は農業・牧畜業が主で、多くの小麥を産し、緬羊や牛の飼養も極めて盛である。從つて羊毛・皮類・肉類の産額がはなはだ多く、これらは小麥と共に主としてイギリスやアメリカ合衆國等に送られる。交通は南アメリカの中で最もよく發達し、アンデス山脈を越えてチリーに通ずる鐵道もある。首府ブェノスアイレス港は水陸交通の要地で、農産物や畜産物を輸出する。

ブェノスアイレス港

(三) チリー

　チリーは、南北約四千四百キロメートルにも及ぶ細長い國で、東部にはアンデスの大山脈が走つてゐる。南北に細長いので北部と南部とは氣候・產業等が著しく異なつてゐる。鑛業はこの國の重要な產業で、アンデス山中の銅と、北部の沙漠地方から產する硝石が、その主なものである。サンチャゴはこの國の首府で、その外港バルパライソは太平洋岸の主な港である。

チリーの銅山

四　總論(二)

産業

　本大陸は、ヨーロッパ洲から移住した人々によつて新に開けた大陸で、人口は一般に少い。しかし、北アメリカ洲は溫帶の地域が廣く、又天產が豐かであるから開發が著しく進み、ことにアメリカ合衆國の大西洋岸及び五湖地方は人口が稠密(てうみつ)である。これに比べて南アメリカ洲は熱帶に屬する部分が廣く、未だ開發されてゐない所が多い。

　本大陸は土地が廣いので農・牧・林・鑛・水產等の產物がいづれも多く、世界の原料品・食料品の大供給地となつてゐる。アメリカ合衆國・アルゼンチンは世界の農產國として知られ、共に麥類を多く產する。また、アメリカ合衆國の綿・たうもろこし、ブラジルのコーヒー等はその產額が世界第一である。牧畜は廣く各地で行はれ林業と漁業は、カナダとアメリカ合衆國に盛である。西部山地は、金・銀・銅等の鑛產に富み、石炭はアメリカ合衆國、石油はアメリカ合衆國・メキシコを主產地としてゐる。アメリカ合衆國には、これらの產物を原料として各種の工業が行はれてゐる。ことに世界大戰を期としてその發展が目覺しく、今では、ヨーロッパと相並ぶ工業の盛な所である。

交通

　交通は產業が盛なるにつれて盆々發達して來た。鐵道の最もよく發達してゐるのは、アメリカ合衆國及びカナダの南部で、それに次いではブラジルの南部とアルゼンチンの東部である。海上の交通は、大西洋方面からヨー

ロッパ洲の諸港に通ずるものが最も頻繁である。またパナマ運河によって大西・太平兩洋の連絡が便利となり、太平洋方面の海上交通も盛となつた。パナマ運河は、パナマ地峽を切り開いて作つたもので延長は約八十キロメートルにも及ぶ水門式(すゐもんしき)の大運河である。この運河はスエズ運河と共に世界交通の要路となつてゐる。

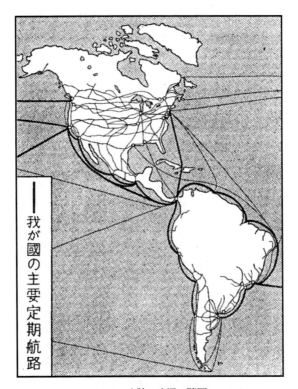

—— 我が國の主要定期航路

アメリカ大陸の交通の略圖

パナマ運河

　本大陸の諸國は何れも新興國で國勢が盛でない。しかし、アメリカ合衆國のみは産業・貿易の發達と共に國力が充實し、全アメリカ大陸の支配者として、また世界の一大強國として勢を振るつてゐる。

大西洋航路の大きな汽船

我が國との 關係	我が國は本大陸とは太平洋を隔てて相對し、我が商船は太平洋方面にあるシヤトル・バンクーバー・サンフランシスコ・ロスアンゼルス・バルパライソの諸港に通ずるばかりでなく、大西洋方面にあるニューヨーク・ニューオルリンス・リオデジャネーロ・サントス・ブェノスアイレスの諸港にも定期航路を開いて盛に往來してゐる。かやうに彼我の交通が盛となるにつれて貿易も發達し、その貿易額は我が國總貿易額の約三分の一を占めてゐる。中でもアメリカ合衆國との貿易が最も盛で、カナダがこれに次いでゐる。また我が國人でこの大陸に在留してゐるものは、その數五十餘萬に達し、その地の開發に貢獻してゐる。 　アメリカ合衆國は本大陸を支配するばかりでなく、更に太平洋を越へてアジヤに進出し、ことに支那に多くの權益(けんえき)を有し自國製品の市場としてゐる。されば、アジヤの正しい指導者として、常にその健全なる發展に努力してゐる我が國との關係は、益益重要性を加へてゐる。

第十九　太平洋

一　總論(一)

珊瑚礁を持つた火山島

　太平洋は我が國の南方から東方にかけてひろがる廣大な大洋で、地球全表面の三分の一を占め、東はアメリカ大陸によつて限られてゐる。この大洋には南西部にオーストラリヤ大陸があつて印度洋との境をなしてゐる外は、我が南洋群島を始め、大小無數の島嶼が散在してゐるに過ぎない。これらの中、オーストラリヤ大陸とニュージランド島・パプア島を除いては、大てい火山島か珊瑚礁(さんごせう)の小島である。

　大部分は熱帶内にあるが島々は海洋の影響を受けるので氣候は割合にしのぎやすい。

二　オーストラリヤ大陸及び諸島(大洋洲)

　太平洋には赤道(せきだう)を境として、その北に、我が南洋群島を始め、ハワイ諸島・ミッドウェー島・グァム島等が點在してゐる。また赤道の南には、オーストラリヤ大陸・ニュージーランド島・パプア島、その他多く

の島々が散在してゐる。これらの島々とオーストラリヤ大陸を總稱して大洋洲と云ひ、總面積はヨーロッパ洲より稍稍小さい。人口は約一千萬に過ぎず、その中七割は白人で、多くはオーストラリヤ大陸に住んでゐる。

本洲には獨立國は一つもなく、大部分はイギリスに、他は我が國を始め、フランス・アメリカ合衆國・オランダ等の諸國に屬してゐる。

ハワイ諸島

ハワイ諸島はアメリカ合衆國の領土で、太平洋のほぼ中央に位し、交通の要地を占めてゐる。地味が肥えてゐるのでさたうきびの栽培が盛である。住民の中では我が國人が最も多く、その數約十五萬に達し、全住民のおよそ十分の四を占め、主に農業に從事してゐる。ホノルヽは、アメリカ合衆國と東亞とを結ぶ要地で、我が國の船舶の寄港地である。またサンフランシスコからアジヤに至る航空路並びに海底電線(かいていでんせん)の中繼地(ちゆうけいち)ともなつてゐる。ホノルヽの附近にある眞珠灣はアメリカ太平洋艦隊(かんたい)の根據地である。

ホノルヽ港

グァム島	グァム島は我が南洋群島の中にあるアメリカ合衆國領の島で、海底電線の中繼地であり、また軍事上の要地である。
オーストラリヤ大陸	オーストラリヤ大陸は、イギリスに屬し、我が南洋群島の南にあつて、本洲中最も產業の進んだところである。しかし、大陸は大體高原狀で沙漠が多いから、利用されてゐるのは、氣候のよい南東部の地方である。  オーストラリヤに於ける牧羊 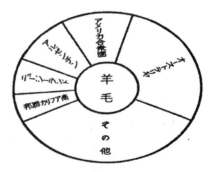 世界に於ける羊 毛の產額の比較 總產額約百六十六萬噸 (昭和九年)

　産業の主なものは農業と牧畜で、中でも小麥の栽培と緬羊や牛の牧畜が最も盛である。羊毛の産額は世界第一で、小麥肉類の産額もはなはだ多い。これらの農産物や畜産物は大部分イギリス本國へ輸出される。その他金や石炭等の鑛産物も少くない。

羊毛の刈取り

　南東部は産業が盛であるから都邑も發達してゐる。シドニーとメルボルンは良港で、世界の諸港と航路が通じ、羊毛・小麥を輸出する。我が國の汽船もこゝに航路を開いて、我が國からは絹織物を輸出し、この地からは多量の羊毛を輸入する。首府カンベラはシドニーの南西にある。

シドニー港

ニュージーランドの火山

ニュージー
ランド

　ニュージーランドは、イギリスの領地で南北の二島に分れ氣候が温和で、羊毛・小麥の産が多い。これらは主にイギリス本國に送られる。

三　總論(二)

太平洋の現狀

太平洋は廣大な大洋で、その中にある島嶼(たうしよ)も他の大陸から遠く離れてゐるので、久しく世界の注意を引かなかつた。然るに、我が國を始め、アメリカ合衆國・中華民國等、太平洋をとりかこむ國々の産業や文化が開け、その上、パナマ運河が開通するに及び、太平洋は交通上・貿易上・軍事上世界の注目する所となり、洋上に散在する島嶼もその價値を加へるやうになつた。世界の列強は太平洋上及びその沿岸の諸地方に勢力を伸ばし、自國の製品の市場や原料の供給地を獲得せんとして盛に活動してゐる。

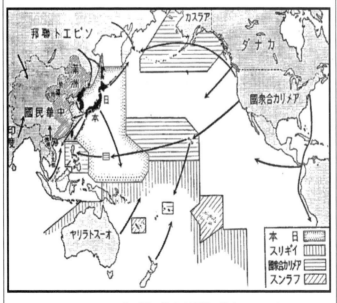

太平洋に於ける列強の勢力

我が國との關係	今、列國の太平洋上に於ける勢力をみるに、アメリカ合衆國はその東半を制し、更に一部はアリューシャン列島を經て、また一部はハワイ・グァム・フィリピン等の諸島を經て東亞へ進出してゐる。イギリスは南太平洋を制して、オーストラリヤ及びニュージーランドを確保し、更に北上して東亞にその勢力を伸ばし、ソビエト聯邦また北太平洋より南下の勢をとらんとしてゐる。かくして太平洋は世界列强の勢力が最も交錯(かうさく)するところとなつてゐる。 ひるがへつて我が國をみるに、日本列島と南洋群島とが、赤道以北の西太平洋を壓して東亞の防壘(ばうるゐ)となり、よく太平洋上に勢力を伸張(しんちやう)して、これら諸列强に對抗してゐる。アジヤの指導者たる我が國は常に搖ぎなき國防力(こくばうりやく)を持つて東亞新秩序(ちつじよ)の建設の聖業に邁進しなければならない。

第二十　アフリカ大陸

位置・區域

　アフリカ大陸は、大西洋と印度洋との間にある大陸で、僅かにスエズ地峽によつて、アジヤ＝ヨーロッパ大陸につづいてゐる。面積はアジヤ＝ヨーロッパ大陸の五分の三で、大部分はイギリス・フランス等のヨーロッパ諸國の領地になつてゐる。人口はおよそ一億五千萬である。

地形

　アフリカ大陸は一般に廣い臺地狀（だいちじやう）をなし、高原が海岸近くまで迫つてゐる。從つてナイル川・コンゴ川等の河川は、大てい下流に急流や瀧が多く、河と海の連絡が不便である。また海岸線の出入が少いので良灣や良港に乏しい。

サハラの沙漠

氣候

　大陸の大部分は熱帶にあつて暑さがきびしく、人類の活動に適しない。中部は雨量が多く、大森林が密生し、北部や南部の內陸は雨量が少く、世界第一のサハラ沙漠

や廣い草原をなしてゐる。地中海沿岸地方と大陸南端の地方は溫和な氣候で文化が開け、エジプトや南アフリカ聯邦がある。

ナイル川の洪水とピラミッド

エジプト	エジプトは獨立國で、ナイル川の下流にある。ナイルの沿岸の低地は、昔から農業が發達し、綿や穀類が多くとれ、エジプトの中心地帶をなしてゐる。これは毎年夏季になると、上流地方に雨が多く降るため、川水が氾濫して上流から運ばれて來た肥えた土が、沿岸の平地に堆積(たいせき)するからである。

カイロはエジプトの首府で、本大陸第一の都會である。その附近に、古代の文明を物語るピラミッドやスフィンクスがある。

スエズ運河　スエズ運河は、スエズ地峽を切開いてつくつた運河で、長さが約百六十キロメートルもあつて、アジヤとヨーロッパとを連絡する海上交通の要路に當つてゐる。その實權はイギリスがこれを握(にぎ)つてゐる。

南アフリカ聯邦	イギリス領の南アフリカ聯邦は、金や金剛石の世界的主産地であつて、緬羊の牧畜や、駝鳥(だてう)の飼養も亦盛である。大陸の南端の喜望峰(きばうほう)に近いケープタウンは、印度洋と大西洋間の交通上の要地で、我が國の汽船も寄港する。
交通	本大陸は、地形・氣候の關係で、開け方がおそく交通は發達しなかつた。しかし、近年カイロとケープタウンとの間を南北に縦貫する鐵道や、中部を東西に貫ぬく鐵道の工事が進み、更にサハラ沙漠では自動車が利用されてゐる。又ヨーロッパとの間には定期航空路も開けてゐる。

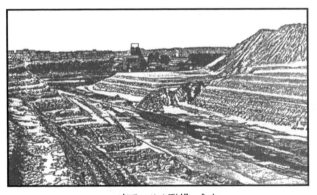

南アフリカ聯邦の金山

我が國との關係	この大陸には我が國人の在留するものが至つて少い。しかし土地が開けるにつれて、我が商品の進出が多くなり、近時東岸の諸港との間に航路が開けてゐる。我が國は綿布・綿織物等を輸出し、綿・天然曹達(てんねんさうだ)・羊毛等を輸入する。

第二十一　日本と世界

四大陸

　四大陸の中、アジヤ＝ヨーロッパ大陸は早くから開けて、世界の文明國は多くこゝに起つた。從つて、この大陸は人口が多く、世界の住民の約五分の四はこゝに住んでゐる。現今、最も國勢の盛なのは、我が國をはじめイギリス・フランス・イタリヤ・ドイツ・ソビエト聯邦等の諸國である。

　アメリカ大陸は新大陸と呼ばれ、開けはじめてから、まだ數百年しかたつてゐない。しかし大たい、氣候が溫和である上に、天產物も多いから、ヨーロッパやアジヤの各地から、こゝに移住するものが次第に増加して、その開發は著しく進步した。ことにアメリカ合衆國は國勢が盛である。

　アフリカ大陸とオーストラリヤ大陸は、ほとんどイギリスとフランスの領地になつてゐる。

三大洋

　四大陸の間には、太平・大西の二大洋と印度洋とがあつて、大陸相互を連絡し、交通・貿易及び軍事上重要な地位を占めてゐる。

　大西洋は、ヨーロッパとアメリカ大陸との海上交通の要路で、船舶の往來は世界で最も頻繁である。

　印度洋は、スエズ運河の開通によつて、アジヤとヨーロッパとの航路が大いに短縮されたので、船舶の往來が益益盛になつて來た。その結果、ヨーロッパ諸國の勢力が著しく東亞(とうあ)に進出するやうになつた。

太平洋は、三大洋の中で最も大きな海で、我が國やアメリカ合衆國をはじめ、沿岸諸國が發達するに伴なひ、航路も著しく發達した。その上、パナマ運河が開通して、大西洋との連絡が便利になつたので、太平洋を航行する船舶の數も大いに增加し、遂に世界の列强はいづれも競うて東亞に勢力を伸ばし、製品の販路(はんろ)や利權を獲得するやうになつた。從つて太平洋は世界に於ける交通上・軍事上一層重要性を加へ、將に世界の中心舞臺にならうとしてゐる。

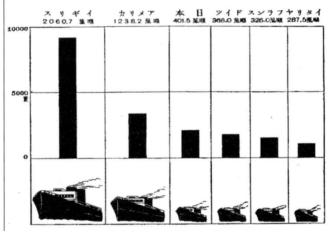

主要國の汽船(百噸以上)の隻數と噸數
總隻數三萬二千六百五十四(昭和九年)
總噸數六千五百八十萬

我が國

我が國はアジヤの東部に位し、東は廣い太平洋に臨み、西は世界總人口の約八割にも當るアジヤ=ヨーロッパ大陸をひかへ、世界の交通・貿易上よく惠まれた位置を

占めてゐる。その上、國土は美しく、氣候は溫和で、國民の資質もまた優れ、よく忠君愛國の誠を盡くして來たから國運は日に月に進み、今では世界最強國の一となつてゐる。

我が國は、世界の四十餘國と條約を結び、イギリス・フランス・ドイツ・イタリヤ・ベルギー・ソビエト聯邦・トルコ・アメリカ合衆國・ブラジル・滿洲・中華民國には大使館を置き、その他の國には、大てい公使館を置いてゐる。かくて汽船は互に往來し、通信は迅速(じんそく)に交換(かうくわん)せられ、交通も貿易も年ごとに發達してゐる。

今や我が國は世界の海運上にも貿易上にも頗る優勢(いうせい)な地位を占め、國勢はいよいよ盛になつて來た。しかし世界の現狀よりすれば、我が國がアジヤの指導者として、滿洲・中華民國を導いて東亞の眞の平和と正しい秩序を建設し、更に世界の列强を率(ひき)ゐて、御稜威(みいつ)のもとに世界永遠の平和を建設せんとすることは、決して容易ではない。

我等は此の秋(とき)に際し、我等の祖先が專(もつぱ)ら大君のために盡くして來た赤心(せきしん)を受けつゞいて、益益立派な皇國臣民となり一致協力して、産業の開發や海外の發展に力を盡くし、御稜威を世界に宣揚し、我等の子孫が更に御稜威の輝きに惠まれながら、世界の指導者として、世界の文化發展の向上を圖り、以つて全人類と共に幸福な生活をおくれるやう全力を盡くさなければならない。

第二十二　地球の表面

地球の大きさ

　地球は形が球のやうで、直徑(ちよくけい)は約一萬二千七百キロメートルであるが、東西の直徑は、南北の直徑よりも約四十三キロメートル長い。

陸地と海洋

　地球の表面は、高低が一様でなく、高い所は陸地となり、低い所は海洋となつてゐる。陸地の面積と海洋の面積との比は、三と七である。

　海洋は、太平洋・大西洋・印度洋の三大洋に分けられ、陸地は、アジヤ＝ヨーロッパ大陸・アフリカ大陸・アメリカ大陸・オーストラリヤ大陸の四大陸に分けられてゐる。陸地の大部分は、北半球にある。

經線・緯線

　地球の南北の直徑を地軸(ちぢく)といひ、北の端を北極(きよく)、南の端を南極といふ。地球の表面で、南北兩極を結び付ける半圓周(はんゑんしう)を假想(かさう)して、これを經(けい)線または子午線(しごせん)といひ、極から等距離(とうきより)の地點を連ねる線を假想して、これを緯(ゐ)線といふ。緯線の中で、兩極から等距離にあるものを赤道と呼ぶ。

經度・緯度

　經線は、イギリスのグリニチ天文臺(てんもんだい)を通ずるものを假想して零度とし、これを本として、東のは東經何度、西のは西經何度と數へ、各各百八十度で終る。この百八十度の經線は、東經も西經も同じ一線である。

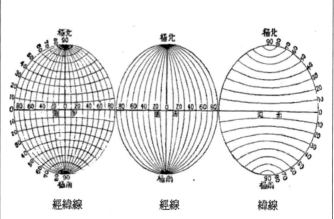

經緯線　　　　　經線　　　　　緯線

地點の定め方

　緯線は赤道を零度とし、これを本として、北のは北緯何度、南のは南緯何度と數へ、各各九十度で終る。北緯九十度は北極、南緯九十度は南極で、いづれも點である。

　經度も緯度も一度は六十分、一分は六十秒に分ける。

　經線は南北の線で、緯線は東西の線であるから、地球表面のあらゆる地點は、この兩線で明らかに指示することができる。例へば仁川氣象臺は、東經百二十六度三十七分三十九秒の線と、北緯三十七度二十八分二十九秒の線とが交はつた所にあるといへば、その場所が極めて明らかに知られるのである。

地圖

　地圖をつくるには、經線と緯線とを本として、實際の大きさを縮めて描くのであるが、地球の表面は球の表面のやうになつてゐるから、實際の形そのまゝを平たい紙面に描き表すことはむづかしい。それ故、方向・距離・面積等の中、いづれを實地に最も近づけて描くか、その

晝夜・四季	目的如何によつて、經線と緯線の表し方が違ふ。從つて圖面の上では、方向や距離や面積等の表れ方が、實際と違ふことがある。 　地圖では、山・川・都會等地表の事物は、すべて眞上から見下した形に描いてあるのが普通である。また、地圖の種類によつては、記號でそれぞれの事物を示してゐる。 　地球は、次の圖に示してゐるやうに傾いてゐて、地軸を軸として、西から東に廻轉(くわいてん)しながら、大たいきまつた道を通つて、太陽のまはりを西から東にめぐつてゐるのである。地球が、地軸を軸として一廻轉するには、一日を要し、太陽のまはりを一周するには、一年を要する。この一廻轉によつて晝夜(ちうや)の別が起り、一周によつて四季の別が生ずる。 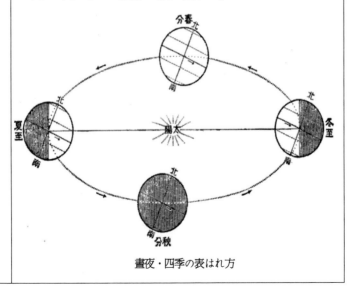 晝夜・四季の表はれ方

經度の差に
よる時間の
違ひ

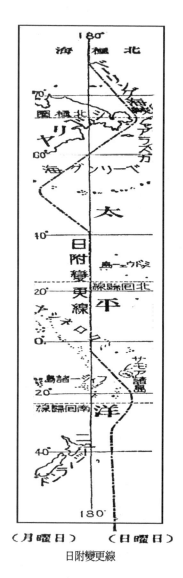

（月曜日） （日曜日）

日附變更線

我が國の標
準時

地球は、ほゞ二十四時間に一廻轉するから、この間に、地表の地點は三百六十度をめぐる。從つて、一時間では十五度をめぐる割合になる。それ故、經度十五度を隔てた甲の地點と乙の地點との間では、時間に一時間の差が出來る。

東京は東經百三十九度餘であるから、グリニチに比べると九時間餘早い。卽ち、東京の午前九時は、グリニチの午前零時頃である。

我が國では、南洋群島をのぞく外は、一般に東經百三十五度の經線の時を、中央標準時（へうじゆんじ）と定めて使用してゐる。

日附變更線	このやうに、經度十五度の差で、一時間の差が生ずるから、所によつては二十四時間即ち一日の差があらはれる。從つて、同じ地球表面で日附が一日違ふから、列國は申し合はせて、大たい百八十度の經線を境として、西から東にこれを越えた時は、前日と同じ日附にし、東から西に越えた時は、翌日と同じ日附にして、日附をそろへることにしてゐる。この境となる線を、日附變更線(ひづけへんかうせん)といふ。
赤道以北と以南との季節の違ひ	季節は、赤道の北と南とで反對になつてゐる。例へば我が國の夏は、オーストラリヤの冬で、オーストラリヤの夏は、我が國の冬である。 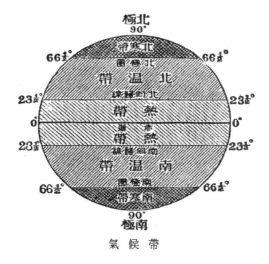 氣　候　帶
氣候帶	赤道附近はこれを熱帶といひ、兩極附近はこれを寒帶といふ。熱帶は北緯二十三度半と、南緯二十三度半との

間で、赤道から北を北熱帶といひ、南を南熱帶といふ。寒帶は、北極と北緯六十六度半との間、及び南極と南緯六十六度半との間で、北のを北寒帶と呼び、南のを南寒帶と呼ぶ。熱帶と寒帶との間は溫帶で、北半球の溫帶は北溫帶、南半球の溫帶は南溫帶といふ。

　熱帶地方は、太陽が眞上から照してゐるから、一般に氣溫が高くて暑い。寒帶地方は、太陽の光をはなはだしく斜に受けて、一般に氣溫が低く、寒氣が強い。しかし、氣溫は一般に、水と陸との分布、海流等の影響を受けて非常に變化するものであるから、同じ緯度にある所でも、はなはだしく違ふことがある。溫帶地方は、一般に氣候が溫和で、人類の生活に適してゐる。

初 等 地 理 卷二 終

朝鮮憲兵隊司令部
旅順要塞司令部　檢閲濟

昭和十六年三月二十二日翻刻印刷
昭和十六年三月二十五日翻刻發行

著作權所有

著作兼
發行者
京城府大島町三十八番地
朝鮮總督府

翻刻發行
兼印刷者
京城府大島町三十八番地
朝鮮書籍印刷株式會社
代表者　井上主計

發行所
京城府大島町三十八番地
朝鮮書籍印刷株式會社

初等地理二巻

定價金二十四錢

(ア)

アジヤ＝ヨーロッパ大陸 ·········268

アフリカ大陸 ····························329

アマゾン川 ································303

アメリカ合衆國 ·······················305

アメリカ大陸 ····························301

アラスカ ··································305

アラビヤ半島 ····························271

アリューシャン ························305

アリューシャン列島 ··················328

アルゼンチン ····························302

アルプ山 ··································294

アンデス山脈 ····························303

(イ)

イギリス ··························233, 284

イタリヤ ··································292

イタリヤ半島 ····························271

イルクーツク ····························276

インダス川 ································272

(ウ)

ウラヂボストック ·····················275

(エ)

エニセー川 ························270, 273

エリー湖 ··································304

エルベ川 ··································270

(オ)

オッタワ ··································312

オビ川 ····································270

オムスク ··································276

オランダ ··································279

オンタリオ湖 ····························304

オーストラリヤ ·························238

オーストラリヤ大陸 ··········322, 324

オーストリヤ ····························290

(カ)

カイロ ····································331

カナダ ····························302, 311

カリフォルニヤ ·························306

カルカッタ ································282

カロリン諸島 ····························208

カンベラ ··································325

(ガ)

ガンジス川 ························272, 281

(グ)

グァム島 ··································322

グリニチ天文臺 ……………………335

　　　　　（ケ）
ケープタウン …………………………331

　　　　　（コ）
コロンボ ……………………283, 297
コロール島 ……………………………208
コンゴ川 ………………………………329

　　　　　（サ）
サイゴン ………………………………277
サハラ沙漠 ……………………………329
サンチャゴ ……………………………317
サントス ………………………………315
サンパウロ ……………………………315
サンフランシスコ ……………………308

　　　　　（シ）
シカゴ …………………………………308
シドニー ………………………………325
シベリヤ ………………………………270
シヤトル ………………………………308
シンガポール ………………277, 279

　　　　　（ジ）
ジャワ島 ………………………………277

　　　　　（ス）
スイス …………………………………294
スェーデン ……………………………290
スエズ …………………………………298
スカンヂナビヤ半島 …………………270
スフィンクス …………………………330
スペリオル湖 …………………………304
スマトラ島 …………………277, 278
スラバヤ ………………………………279

　　　　　（セ）
セントローレンス川 …………………303
セーロン島 ……………………………283

　　　　　（ソ）
ソビエト ………………………………263
ソビエト聯邦 ………………273, 288

　　　　　（タ）
タイ ……………………………………234

　　　　　（ダ）
ダニューブ川 …………………………272

　　　　　（チ）
チェッコスロバキヤ …………………290
チリー …………………………302, 317

（テ）
テームス川 ……………………285

（ト）
トルコ ……………………334

（ド）
ドイツ領 ……………………208

（ナ）
ナイヤガラ瀑布 ……………………304
ナイル川 ……………………329

（ニ）
ニューオルリンス ……………………308
ニュージランド島 ……………………322
ニューフォンドランド島 ………312
ニューヨーク ……………………308

（ネ）
ネープルス ……………………293

（ノ）
ノボシビルスク ……………………276
ノルウェ ……………………290

（ハ）
ハイフォン ……………………277
ハルピン ……………………242

ハワイ諸島 ……………………322, 323

（バ）
バイカル湖 ……………………273
バタビヤ ……………………279
バルカン半島 ……………………271
バルパライソ ……………………317, 321
バンクーバー ……………………312
バンコク ……………………192, 234, 277
バーミンガム ……………………285

（パ）
パナマ運河 ……………………319, 327
パプア島 ……………………322
パラオ ……………………234
パリー ……………………288

（ヒ）
ヒマラヤ山 ……………………269

（ピ）
ピラミッド ……………………330

（フ）
フィラデルフィヤ ……………………308
フィリピン ……………………195
フィリピン群島 ……………………277
フィンランド ……………………290
フランス ……………………286

(ブ)

ブェノスアイレス ……………316

ブラジル ……………302, 313, 334

(ベ)

ベルギー ……………………292

ベルリン ……………291, 297

ベーリング海峽 ……………301

(ホ)

ホノルヽ ……………………323

(ボ)

ボルガ川 ……………………270

ボルネオ島 …………………277

ボンベーか …………………282

(ポ)

ポー川 ………………………292

(マ)

マニラ ………………………279

マルセーユは地 ……………288

マレー ………………………238

マレー諸島 …………272, 277

マンチェスター ……………284

マーシヤル諸島 ……………208

(ミ)

ミシガン湖 …………304, 308

ミシシッピ川 ………………303

ミッドウェー島 ……………322

(メ)

メキシコ ……………………304

メルボルン …………………325

(モ)

モスコー ……………………290

(ヨ)

ヨーロッパ洲 ………………299

(ラ)

ライン川 ……………………270

ラプラタ川 …………303, 316

ラングーン …………………277

(リ)

リオデジャネーロ …………315

リバプール …………………285

(ル)

ルベストン …………………308

（レ）

レナ川 ………………………270

（ロ）

ロシヤ ………………………289
ロスアンゼルス ……………308
ロッキー山脈 ………………303
ロンドン ……………………285
ローマ ………………………293

（ワ）

ワシントン …………………308

（ン）

ンブルグ ……………………291

（三）

三千浦 …………………………76
三原 …………………………166
三原山 ………………………125
三大山脈 ……………………126
三大幹線 ………………………66
三池 …………………………188
三重 …………………………143

（上）

上海 ……………………192, 257

（下）

下北 …………………………101
下關 ……………………167, 168
下關海峽 ……………………167

（中）

中國地方 ……………………160
中禪寺湖 ……………………125
中華民國 ………………239, 334
中部地方 ………………126, 132

（丸）

丸龜 …………………………170

（九）

九州 ……………………………48
九州地方 ……………………183
九州帝國大學 ………………193
九江 …………………………256
九龍淵 …………………………62

（二）

二條離宮 ……………………154

（京）

京包 …………………………264
京城 ………………………67, 82
京城帝國大學 …………………67
京濱 …………………………139

京畿道 ································62
京阪 ································139

(仁)
仁川 ·····························65, 67

(仙)
仙臺 ································99

(伊)
伊勢崎 ·····························116
伊太利 ·····························291

(佐)
佐世保 ·····························192
佐賀 ································183
佐賀關 ·····························188

(佛)
佛國寺 ·····························75

(佳)
佳木斯 ·····························246

(信)
信濃川 ·····························131

(修)
修善寺 ·····························130

(倉)
倉敷 ································166

(光)
光州 ································74

(全)
全州 ································73
全羅北道 ·····························68
全羅南道 ·····························68

(八)
八丈島 ·····························125
八王子 ·····························116

(公)
公州 ································74

(兵)
兵庫 ································143

(兼)
兼二浦 ·····························64

(出)
出雲大社 ·····························168

(函)
函館 ································93, 96

(利)

利根川 …………………………111

(前)

前橋 …………………………116

(北)

北京 …………………………255
北海道 …………………………90
北海道本島 …………………………89
北鮮地方 …………………………58

(千)

千島列 …………………………89
千島列島 …………………………48

(南)

南アメリカ洲 …………………………313
南京 …………………………192, 256
南洋群島 …………………………47, 208
南滿洲鐵道 …………………………246

(博)

博多灣 …………………………187

(印)

印度 …………………………222, 281
印度支那半島 …………………………277

(嚴)

嚴島神社 …………………………169

(古)

古北口 …………………………248

(吉)

吉林 …………………………245
吉野山 …………………………145

(名)

名古屋 …………………………139

(和)

和歌山 …………………………143, 148

(咸)

咸鏡北道 …………………………51
咸鏡南道 …………………………51

(善)

善光寺 …………………………141

(喇)

喇嘛廟 …………………………251

(營)

營林署 …………………………55

(嘉)

嘉義 ……………………………206

(四)

四國 ……………………………48
四坂島 …………………………165

(土)

土崎港 …………………………105

(城)

城津 ………………………58, 81

(基)

基隆 ……………………………204

(埼)

埼玉 ……………………………109

(堺)

堺 ………………………………151

(壹)

壹岐 ……………………………187

(壺)

壺蘆島 …………………………248

(外)

外蒙古 …………………………252

(多)

多度津 …………………………170
多摩川 …………………………111
多獅島 …………………………61

(夜)

夜見濱 …………………………161

(大)

大井川 …………………………130
大冶 ……………………………259
大分 ……………………………183
大同 ……………………………262
大同江 ……………………52, 61
大垣 ……………………………141
大場鎭 …………………………257
大島 ……………………………125
大日本帝國 ……………………47
大湊 ……………………………108
大牟田 …………………………193
大田川 …………………………169
大連 ……………………………210
大邱 ……………………………82
大阪 ……………………………156
大隅 ……………………………187

（天）

天橋 ……………………143

天津 ……………………192

天龍川 …………………130

（太）

太平洋 …………………322

（奈）

奈良 ……………………143

（奉）

奉天 ……………………250

（奥）

奥羽地方 ………………99

（姫）

姫路 ……………………159

（嫩）

嫩江 ……………………240

（宇）

宇治山田 ………………159

宇都宮 …………………124

宇野 ……………………168

（安）

安東 …………………248, 250

（室）

室蘭 ……………………96

（宮）

宮城 ……………………99

宮崎 ……………………183

（富）

富士山 …………………128

富士川 …………………130

富山 ……………………126

（對）

對馬 ……………………187

（小）

小倉 ……………………191

小樽 …………………91, 93, 96

（尼）

尼崎 ……………………151

（尾）

尾道 ……………………166

(屏)

屏東 ·······································206

(山)

山口 ·······································160
山形 ·································99, 108
山梨 ·······································126
山海關 ·····································246

(岐)

岐阜 ·································126, 141

(岡)

岡山 ·································160, 169
岡谷 ·······································137

(岩)

岩手 ··99

(島)

島根 ·······································160

(川)

川崎 ·······································116

(帝)

帝國議會 ··································123

(帶)

帶廣 ··91

(幌)

幌內川 ······································84

(平)

平壤 ·································58, 82
平安北 ······································51
平安南道 ····································51
平安神宮 ··································154

(廣)

廣島 ·································160, 169
廣州 ·······································260
廣東 ·································192, 260
廣梁灣 ······································56

(延)

延吉 ·······································248
延曆寺 ·····································146

(弘)

弘前 ·······································108

(張)

張家口 ·····································262

(德)

德島 ……………………………160

(忠)

忠州 ……………………………74
忠淸北道 ………………………68
忠淸南道 ………………………68

(愛)

愛媛 ……………………………160
愛知 ……………………………126

(慶)

慶尙北道 ………………………68
慶尙南道 ………………………68
慶州 ……………………………75

(戶)

戶畑 ……………………………193

(扶)

扶餘 ……………………………74
扶餘神宮 ………………………74

(揚)

揚子江 …………………………253

(撫)

撫順炭坑 ………………………245

(支)

支那 …………………………47, 253
支那事變 …………………257, 266

(新)

新宮 ……………………………148
新浦 ……………………………56
新潟 …………………………118, 126
新疆 …………………………252, 263
新竹 ……………………………206
新義州 …………………………55

(旅)

旅順 ……………………………210

(日)

日光 ……………………………125
日本列島 ………………………47
日本海 …………………………49
日本海方 ………………………161
日附變更線 ……………………339

(旭)

旭川 …………………………91, 169

(明)

明治神宮 ………………………123

(春)

春川 ································66

春日神社 ·························155

(晋)

晋州 ································75

(有)

有明海 ·····························187

有田川 ·····························148

(朝)

朝鮮半島 ······················47, 215

朝鮮地方 ·····························77

朝鮮神宮 ·····························67

朝鮮總督府 ···························59

朝鮮軍司令部 ·························67

朝鮮銀行 ·····························67

(木)

木曾川 ·····························130

木浦 ································69

(本)

本州 ································48

本溪湖 ·····························245

(札)

札幌 ································91, 97

(東)

東京 ································122

東北帝國大 ···························108

東大寺 ·····························155

東照宮 ·····························125

(松)

松山 ································162

松島灣 ·····························101

松江 ································168

松花江 ·····························240

(柏)

柏崎 ································136

(栃)

栃木 ································109

(根)

根半島 ·····························161

根室 ································93

(桐)

桐生 ································116

(榮)

榮山江 ·····························68, 69

(槍)

槍岳 ……………………………126

(横)

横濱 ……………………………117
横須賀 …………………………124

(樺)

樺太 ……………………………83, 276

(橿)

橿原神宮 ………………………155

(鬱)

鬱陵島 …………………………68

(正)

正倉院 …………………………155

(母)

母島 ……………………………125

(比)

比叡山 …………………………146

(江)

江原道 …………………………62
江川 ……………………………161

(沖)

沖繩 ……………………………183

(沙)

沙里院 …………………………68

(法)

法隆寺 …………………………155

(洛)

洛東江 …………………………68

(津)

津輕 ……………………………101

(浦)

浦和 ……………………………124
浦項 ……………………………75

(海)

海南 ……………………………264
海南島 …………………………260
海豹島 …………………………86

(淡)

淡水河 …………………………198
淡路島 …………………………147

(淸)

淸川江 ················52

淸州 ················74

淸朝の離宮 ················251

淸津 ················81

(濟)

濟州島 ················68

(湊)

湊川神社 ················158

(滿)

滿浦 ················59

(滋)

滋賀 ················143

(滿)

滿洲 ················47, 239

滿洲里 ················248

(漢)

漢口 ················256

漢江 ················62

漢陽 ················259

漢拏山 ················68

(澎)

澎湖諸島 ················207

(濁)

濁水溪下淡水溪 ················198

(濱)

濱松 ················141

(熊)

熊本 ················183

熊本平野 ················187

熊野 ················145

(熱)

熱海 ················130

熱田神宮 ················141

(營)

營口 ················248

(父)

父島 ················121

(珠)

珠江 ················253

(球)

球磨川 ················187

(琉)

琉球 ……………………………187

(琴)

琴平 ……………………………170

(琵)

琵琶湖 …………………………146

(琿)

琿春 ……………………………248

(甕)

甕津 ……………………………64

(田)

田 ………………………………73

(白)

白山 ……………………………130

白川 ……………………………187

白頭山 …………………………51

白馬岳 …………………………126

(皇)

皇大神宮 ………………………159

(盛)

盛岡 ……………………………108

(相)

相模川 …………………………111

(瞻)

瞻星臺 …………………………75

(知)

知恩院 …………………………155

(石)

石川 ……………………………126

石狩炭田 ………………………93

(砂)

砂濱 ……………………………210

(神)

神奈川 …………………………109

神戶 ……………………………157

神通川 …………………………131

(福)

福井 …………………………126, 138

福山 ……………………………166

福岡 ……………………………183

福島 ……………………………99

(禮)

禮成江 …………………………62

(秋)

秋田 ··································99

(笠)

笠置山 ······························146

(筑)

筑後川 ······························187
筑紫平野 ····························187
筑豐 ································188

(箱)

箱根 ································109

(米)

米澤 ································108

(紀)

紀伊半島 ····························149
紀川 ································145

(統)

統營 ································76

(綏)

綏芬河 ······························248

(羅)

羅津 ····························61, 81

(群)

群山 ································73
群馬 ································109

(羽)

羽田 ································120

(肥)

肥前半島 ····························187

(膠)

膠濟 ································264

(臨)

臨津江 ································62

(臺)

臺中 ································206
臺北 ··························205, 206
臺南 ································206
臺灣 ··························48, 195
臺灣神社 ····························206

(舞)

舞鶴 ································143

(茨)

茨城 ································109

(華)

華嚴瀧 ……………………………125

(蒙)

蒙疆 ………………………………252

(蔚)

蔚山 ………………………………75

(薩)

薩南 ………………………………186

薩南諸島 …………………………194

薩摩 ………………………………187

(蟾)

蟾津江 ……………………………68

(西)

西本願寺 …………………………155

西藏 …………………………252, 263

(議)

議事堂 ……………………………123

(豆)

豆滿江 ……………………………48

(豐)

豐原 ………………………………88

(赴)

赴戰江 ……………………………58

(足)

足利 ………………………………116

(近)

近江 ………………………………146

近畿地方 ……………………139, 143

(遂)

遂安 ………………………………64

(道)

道後 ………………………………170

(遠)

遠賀川 ……………………………188

(那)

那覇 ………………………………194

(都)

都城 ………………………………191

(鄭)

鄭家屯 ……………………………247

(野)

野田 ……………………………125

(金)

金刀比羅宮 …………………170

金剛山 …………………………146

金剛峯寺 ………………………145

金澤 ……………………………138

金泉 ………………………………75

(釜)

釜山 ………………………………68

釜石 ……………………………105

(鐵)

鐵原 ………………………………68

(錦)

錦江 …………………………68, 74

(鎭)

鎭南浦 ……………………………58

鎭海 ………………………………68

(長)

長岡 ……………………………118

長崎 ……………………………183

長沙 ……………………………256

長津江 ……………………………58

長生浦 ……………………………75

長白山脈 …………………………51

長野 …………………………126, 141

(門)

門司 ……………………………168

(開)

開城 ………………………………64

(關)

關東地方 ………………………109

關東州 …………………………47, 210

關東平野 …………………………109, 117

(阿)

阿里山 …………………………201

(陸)

陸奥 ……………………………101

(隱)

隱岐島 …………………………162

(隴)

隴海 ……………………………264

(雄)

雄基 ………………………………81

(霧)

霧島神宮 …………………………193

(靑)

靑島 …………………………192, 256

靑森 …………………………99

(靖)

靖國神社 …………………………123

(靜)

靜岡 …………………………126

(鞍)

鞍山 …………………………245

(順)

順天 …………………………73

(養)

養蠶 …………………………53

養蠶業 …………………………116

(首)

首里 …………………………194

(香)

香川 …………………………160

香港 …………………………260

(馬)

馬山 …………………………75

馬來半島 …………………………277

(高)

高松 …………………………162, 168, 170

高濱 …………………………170

高知 …………………………160

高等法院 …………………………67

高野山 …………………………145

高雄 …………………………206

高麗 …………………………61

(鳥)

鳥取 …………………………160

(鴨)

鴨綠江 …………………………48, 51

(鹿)

鹿兒島 …………………………183

(麗)

麗水 …………………………73

(黃)

黃河 …………………………253

黃海 …………………………49

黃海道 …………………………62

(黑)

黑部川 ……………………………131
黑龍江 …………………………239, 273

(龍)

龍井 ……………………………247, 248
龍煙鐵鑛 …………………………262

(羅)

羅津 ……………………………248

(遼)

遼東 ……………………………210

편자소개(원문서)

김순전 金順槇
소속 : 전남대 일문과 교수, 한일비교문학·일본근현대문학 전공
대표업적 : 저서 : 『한일 경향소설의 선형적 비교연구』, 제이앤씨, 2014년 12월

사희영 史希英
소속 : 전남대 일문과 강사, 일본근현대문학 전공
대표업적 : 저서 : 『『國民文學』과 한일작가들』, 도서출판 문, 2011년 9월

박경수 朴京洙
소속 : 전남대 일문과 강사, 일본근현대문학 전공
대표업적 : 저서 : 『정인택, 그 생존의 방정식』, 제이앤씨, 2011년 6월

장미경 張味京
소속 : 전남대 일문과 강사, 일본근현대문학 전공
대표업적 : 저서 : 『제국의 식민지 창가』, 제이앤씨, 2014년 8월

김서은 金瑞恩
소속 : 전남대 일문과 강사, 일본근현대문학 전공
대표업적 : 논문 : 「근대 한일미디어와 대중가요의 相乘作用 考察」, 日本語文學,
　　　　　　　　2015년 6월

차유미 車兪美
소속 : 전남대 일문과 석사, 일본근현대문학 전공
대표업적 : 논문 : 「일제강점기 國史의 敍事 고찰 –『普通學校國史』와 『初等國史』
　　　　　　　　를 중심으로」

여성경 呂娀景
소속 : 전남대 일문과 석사, 일본근현대문학 전공
대표업적 : 논문 : 「일제강점기 초등학교 교과서의 공간 변용–『初等地理』와 『國語
　　　　　　　　讀本』을 중심으로–」

朝鮮總督府 編纂 初等學校 『地理』 교과서 (中)

초판인쇄 2017년 4월 7일
초판발행 2017년 4월 17일

편　자 김순전 사희영 박경수 장미경 김서은 차유미 여성경 공편
발 행 인 윤석현
발 행 처 제이앤씨
등록번호 제7-220호
책임편집 차수연

주　소 01370 서울시 도봉구 우이천로 353
대표전화 (02) 992-3253
전　송 (02) 991-1285
홈페이지 www.jncbms.co.kr
전자우편 jncbook@dauml.net

ⓒ 김순전 외, 2017. Printed in KOREA.

ISBN 979-11-5917-058-4 94910　　　　**정가** 22,000원
　　　979-11-5917-056-0 (전3권)